大家小书

经学常谈

屈守元 著

北京出版集团公司
北京出版社

图书在版编目（CIP）数据

经学常谈 / 屈守元著 . — 北京 ：北京出版社，
2016. 7
（大家小书）
ISBN 978-7-200-12074-5

Ⅰ. ①经… Ⅱ. ①屈… Ⅲ. ①经学—青少年读物
Ⅳ. ①Z126-49

中国版本图书馆CIP数据核字（2016）第076986号

总策划：安　东　高立志　　责任编辑：高立志　乔天一

· 大家小书 ·

经学常谈

JINGXUE CHANGTAN

屈守元　著

*

北京出版集团公司 出版
北京出版社
（北京北三环中路6号　邮政编码：100120）

网　址：www.bph.com.cn

北京出版集团公司总发行

新华书店经销

北京华联印刷有限公司印刷

*

880毫米×1230毫米　32开本　5.875印张　85千字

2016年7月第1版　2018年5月第3次印刷

ISBN 978-7-200-12074-5

定价：36.00元

质量监督电话：010-58572393

序　言

袁行霈

“大家小书”，是一个很俏皮的名称。此所谓“大家”，包括两方面的含义：一、书的作者是大家；二、书是写给大家看的，是大家的读物。所谓“小书”者，只是就其篇幅而言，篇幅显得小一些罢了。若论学术性则不但不轻，有些倒是相当重。其实，篇幅大小也是相对的，一部书十万字，在今天的印刷条件下，似乎算小书，若在老子、孔子的时代，又何尝就小呢？

编辑这套丛书，有一个用意就是节省读者的时间，让读者在较短的时间内获得较多的知识。在信息爆炸的时代，人们要学的东西太多了。补习，遂成为经常的需要。如果不善于补习，东抓一把，西抓一把，今天补这，明天补那，效果未必很好。如果把读书当成吃补药，还会失去读书时应有的那份从容和快乐。这套丛书每本的篇幅都小，读者即使细细地阅读慢慢地体味，也花不了多少时间，可以充分享受读书的乐趣。如果把它们当成补药来吃也行，剂量小，吃起来方便，消化起来也容易。

我们还有一个用意，就是想做一点文化积累的工作。把那些经过时间考验的、读者认同的著作，搜集到一起印刷出版，使之不至于泯没。有些书曾经畅销一时，但现在已经不容易得到；有些书当时或许没有引起很多人注意，但时间证明它们价值不菲。这两类书都需要挖掘出来，让它们重现光芒。科技类的图书偏重实用，一过时就不会有太多读者了，除了研究科技史的人还要用到之外。人文科学则不然，有许多书是常读常新的。然而，这套丛书也不都是旧书的重版，我们也想请一些著名的学者新写一些学术性和普及性兼备的小书，以满足读者日益增长的需求。

“大家小书”的开本不大，读者可以揣进衣兜里，随时随地掏出来读上几页。在路边等人的时候，在排队买戏票的时候，在车上、在公园里，都可以读。这样的读者多了，会为社会增添一些文化的色彩和学习的气氛，岂不是一件好事吗？

“大家小书”出版在即，出版社同志命我撰序说明原委。既然这套丛书标示书之小，序言当然也应以短小为宜。该说的都说了，就此搁笔吧。

前　言

吴国武

“经学”，一个中国人既陌生又熟悉的名词，逐渐从远逝模糊的背影中回转，穿越百余年的风雨沉浮，重新走入当代学术研究和社会各界的视野。在颠沛造次的回转路上，经学入门书起了潜移默化的作用，屈守元先生的这部《经学常谈》便是一例。

我们知道，经学是研究和运用儒家经典的传统学问，长期居于中国传统学术文化的核心位置。这门学问，是围绕《易》《书》《诗》《礼》《乐》《春秋》六类经典（即“六经”）的解释和应用而展开的。到后来，又衍生出《论语》《大学》《中庸》《孟子》四部传记构成的“四书”经典体系。最后，逐渐形成以研究和运用《周易》《尚书》《毛诗》《周礼》《仪礼》《礼记》《春秋左氏传》《春秋公羊传》《春秋穀梁传》《孝经》《论语》《尔雅》和《孟子》十三部儒家经传（即“十三经”）为基础的传统学术形态。这门学问包括考据之学、义理之学、辞章之学和经济之学诸多方向，影响及于古代中国、日本、朝鲜、越南等东亚世界。

依照传统学问的内在理路，经学的源头可追溯到尧舜以来形成的“王官学”。经过宗周礼乐文明的洗礼和周秦诸子百家的论辩，特别是孔子及其后学的温故创新，承载王官学的“六艺”类典籍转换为早期的儒家经典，经学也由此产生。随着“独尊儒术”国策的确立和五经博士制度的设置，经学在汉武帝时代走向成熟，儒家经传文本也日趋固定。西汉而下，汉代的章句训诂之学、魏晋的玄学化解释、南北朝隋唐的义疏学、宋明的义理学、清代的考据学成为经学在不同时期的重要典范。在朝代更替、天下兴亡的东亚世界，经学走过了两千多年的发展历程。

晚清以降，世风丕变，天下国家分崩离析，传统经学顿时坠地，古老的中国猛然站在现代化转型的重要关头。从民国到今天，新的现代学术体制和社会规则逐步生根结果，改造、支解乃至捐除经学的呼声不绝于耳，而整理、保存乃至倡导经学的举动也时断时续。在争议和冲突中，经学由传统学术文化的核心降至现代学术体制的边缘，一度还被完全取消。近三十年来，随着“传统文化热”“国学热”“儒学热”的渐次兴起，经学的历史命运出现了百年未遇的生机。屈守元先生这部力求浅易、特色鲜明的小书，恰好写于“全盘西化论”骤然停息不久、“传统文化热”悄然兴起之初的1991年。

据《麐翁自订年谱》，屈先生自幼熟读经史，后从蜀学先辈游，长期执教于四川诸大学，研习四部，讲授国故，尤精文学。这部《经学常谈》其所以能够达到“信手拈来”“不能者止”的境界，与他浸润旧籍的学术经历密不可分。从该书的《自序》来看，屈先生所谓“常谈”不仅仅指经学常见知识的娓娓道来，更多的是想说明：“经书里的许多道理，中国以为常，或者外国并不以为常。不习惯于听常谈的中国人，会按照全盘西化的常规，把经学讲成非常可怪的一种学说的。”

民国以来，经学入门书的写法往往以仪征刘师培先生《经学教科书》为楷模，逐渐形成“知识凸现”“价值隐匿”的学术理路。而这部《经学常谈》却着力将“常见知识”和“常见道理”的谈论相结合，与其他经学入门书的写作理路不尽相同。历来的“全盘西化论”者都将经学当作一种奇谈怪论，而屈先生却视“经书里的许多道理”为中国人的常谈，这需要学术勇气和远见卓识。事实上，这种“知识”“道理”兼备的写作理路，深深地烙上了百年思潮的时代印记。

一般认为，晚清的经今古文之争拉开了传统经学近代转型的大幕。民国初年到抗战前夕，余杭章太炎先生的古文经学观念一度颇为流行，作为后辈的屈先生深受影响。在这部书中，他最服膺章氏所谓“学者将以实事求是，有用与否，固不暇计”的治学态度，吸收章氏《国故论衡》《检论》《訄书》《太炎文录》诸作的意见比比皆是。比如，近人讲“经学”多从“经”字的本义讲起，而有关“经”字原始含义又都以章氏的“书籍”说为宗。受章氏说法的启发，屈先生得出“‘经’即指大型典籍（以二尺四寸的典籍为主）”的认识，并在此基础上进一步指出：“经学就其原始的意义讲，实具有文献学的特征。不过，这些文献是被历代统治者尊奉为经典的文献，所以它被涂抹上了神秘的色彩。”简短两句话，将经学的文献学和价值观双重特质揭示出来。当然，屈先生身为四川人，受惠于蜀学前辈最多，很多想法的背后有今文经学大家井研廖平先生的影子。在这部书中，他多次表彰廖氏《今古学考》有关经今古文问题的意见，甚至模仿廖氏所创的“经话”体式来充实“常谈”的内容和方向。

随着国故整理运动的兴起，儒家典籍衍变为科学研究的材料，经学隐退之势加剧。民国以来，蔡元培、钱玄同、胡适、顾颉刚诸先生的现代学术分科体系和科学整理方法成为主流，屈先生亦受影响。比如，近人分群经为现代人文社会科学的研究对象，整理国故思潮进一步巩固了这种学术理路，屈先生也有类似的看法。他说：“《易》以神学—哲学为主要内容。《书》以上古历史及上古王朝的教令、文告为主要内容。《诗》以文学艺术为主要内容。《礼》以民俗、法制为主要内容。《春秋》以史事、史料为主要内容（包括孔子对于史事的褒贬、评论）。”其实，这种看法似是而非。《易》以外的经书莫不有哲学，《书》《春秋》以外的经书亦为上古的历史记录，《诗》以外的经书也是文学艺术的载体。更重要的是，“六经”及其解释包括了历代先贤“经天纬地”“修己治人”的想法和做法。

新中国建立后，包括经学在内的一切传统学问经历了“批判继承”的考验，马克思主义的研究方法成为新的主流。顺着这种思路，屈先生也强调：“食古不化，或者片面地强调‘立竿见影’的‘效益’，都不足取。”在“儒学热”持续升温的今天，他的忠告也不能不令人深思。

此外，屈先生还特别关注如何研究经学的问题。一些精辟的见解，可以作为我们阅读经典、研究经学的参考。比如，他直言不讳地讲：“曲学阿世是经学的邪路。”尽管书中所举为汉魏六朝经学中热衷利禄、阿谀奉承的不良风气，但是这种看法对于经学的提倡者有很好的警示作用。又比如，他反复强调：“不读群书即谈不上经学。”书中举例说明了“十三经”以外的经学文献（包括《逸周书》《韩诗外传》《大戴礼记》、汉代纬书和历代文集中经学资料）的重要性，这种建议对于经学的研究者也起到很好的指引作用。

最近一段时期，经学的正面形象得到初步的恢复，经学的回归成为重要话题之一。当然，有关经学的讨论还在继续，讨论中的得失问题逐渐显现。从好的方面来说，越来越多的人认识到经学在中国传统学术文化中的核心地位，理解了阅读和研习儒家经典的必要性，期盼经学能为当代中国和世界的发展做出更大的贡献。当然，需要反思的地方也还不少，包括很多人不太了解经学的博大和精深之处，有关经学内容的种种误读没有得到全面澄清，在“何谓经学”“经学为何”等大问题上缺乏广泛的共识。

经学，毕竟与我们渐行渐远的时间太久。像《经学常谈》这样的作品，记录了经学的模糊背影。也许，在不久的将来，经学的模糊背影将会变得越来越清晰，经学也将在当代中国和世界找到最合适的位置。

2014年5月，于北大

目　录

自序

昔管公明（辂）为何平叔（晏）说《孝经》“高而不危”及《易》“谦”“壮”两卦，何平叔谓之“老生常谈”（《魏志·方技传》）。是谈经为常谈，从古便是这种看法。经书里的许多道理，中国人以为常，或者外国并不以为常。不习惯于听常谈的中国人，会按照全盘西化的常规，把经学讲成非常可怪的一种学说的。“常谈者见不谈。”（亦《方技传》载管辂语）这种非常可怪的经学，只有祝愿它赶快收起，不谈为妙！

这本小册子用常谈谈经，目的在讲点经学的基础常识，让我国青少年像中国人［应该的］那样去了解点经学，这或许是从历史发展的角度去懂点国情之一助吧。

全书分为四个部分：一、《引言》，讲明什么是经学，何以要学点经学，这些一般的道理。二、《分论》，按《易》《书》《诗》《礼》《春秋》的习惯次第，对各种经书，讲明它的特征和所应注意的事项。三、《通说》，讲了点关于经学的一般常识。四、《经话新编》，提供一些零星的经学资料，也讲了点关于经学研究应该注意的问题。老生常谈，所以力求浅易。没有什么高深的理论，也不提出什么奥妙的问题。但愿读者一览之后知道点经学常识而已。

经书是经儒学宗师孔子整理过的古代典籍。里面所包含的民族习俗、原始宗教，以及古代传说、社会政治学说理论，等等，世界各民族与之共同的地方是有的，与之差异很大的地方也是有的。比较研究不妨，附会牵合却窃窃以为不可。对于今天有用是肯定的，对于今天有碍恐也不免。凡是先定调子，强不知以为知，都不是实事求是的科学态度。我的水平不高，但常谈还可以试为。古人说："幼童而守一艺，白首而后能言。"该我讲点给年青人听的时候了。"陈力就列，不能者止。"我能讲的很有限，不敢勉强，更不敢无知而妄说。

辛未重午，七十八叟成都屈守元

引言

一、什么是经学

先谈一谈什么是经？经指儒家传习的经典。经的原始含义，章炳麟《国故论衡》卷中《文学总略》里讲得很清楚，他说："书籍得名，实冯傅（凭附）竹木而起。""世人以'经'为常（《广雅·释训》），以'传'为转（《释名·释书契》），以'论'为伦（《释名·释典艺》），此皆后儒训说，非必睹其本真。"他认为："'经'者，编丝缀属之称，异于百名以下用版者，亦犹浮屠书称'修多罗'。修多罗者，直译为线，译义为经。盖彼以贝叶成书，故用线联贯也；此以竹简成书，亦编丝缀属也。""'传'者，专之假借。《论语》'传不习乎'，《鲁》作'专不习乎'（《释文》引郑玄注）。《说文》训'专'为'六寸簿'（《寸部》）。簿即手版，古谓之忽（今作笏）。”“专之得名，以其体短，有异于‘经’。郑康成《论语序》云：《春秋》二尺四寸，《孝经》一尺二寸，《论语》八寸。（此节引郑序佚文，有宋翔凤辑本，见刘宝楠《论语正义》附录。）此则‘专’之简策，当复短于《论语》，所谓‘六寸’者也。”“‘论’者，古但作仑，比竹成册，各就次第，是谓之仑。”

以上是章氏按照“书籍得名凭附竹木”，这一古代典籍的称呼，都有它的物质基础这个原则，提出“经”“传”“论”诸种名目的原始含义，这种说法，是符合科学的。由此可见，“经”即指大型典籍（以二尺四寸的典籍为主），经学即是研究大型典籍之学。这些大型典籍，是经过以孔子为宗师的儒家整理而流传下来的。本来除儒家以外，墨、名、法、道诸家，都拥有这样的典籍，而现在流传的却是经过儒家整理，与各家学派传习的不尽相同。儒家学派被历代的统治者尊为正宗学派，其宗师孔子又被尊奉为圣人，所以儒家传习的典籍，特用二尺四寸的大型简册来书写，尊为经典。这种大型经典，奉为不可改变的常法，所以经典有常道（五常、伦常，都用常字）、法典一类的含义，这实是它抽象化了的引申义。

经学就其原始的意义讲，实具有文献学的特征。不过，这些文献是被历代统治者尊奉为经典的文献，所以它被涂抹上了神秘的色彩。

最早的儒家经典，便是经过孔子整理，用来传授弟子的教材。这些教材，包括当时政治、学术、文化、科技的全部知识。

《易》以神学—哲学为主要内容。

《书》以上古历史及上古王朝的教令、文告为主要内容。

《诗》以文学艺术（包括诗歌、音乐、舞蹈；《乐经》无书，实际上散入《诗》和《礼》）为主要内容。

《礼》以民俗、法制为主要内容（包括音乐理论，还有科技方面的东西，特别是《周礼·考工记》）。

《春秋》以史事、史料为主要内容（包括孔子对于史事的褒贬、评论）。《春秋》与《书》不同，《书》属上古史，《春秋》属那时的近、现、当代史。

儒家是学派，不是宗教，经学更不是神学。

二、古代经学概况

儒家经典内容广博，历代（主要是从汉以后）统治者因此大大地利用了这样的文献，重视研究这种文献的学科——经学。中国古代学术于是形成了以经学为主，特别尊经的特点。从汉以来，知识分子的精力，大都使用在经学上。所谓“幼童而守一艺，白首而后能言”（《汉书·艺文志》）。时代的变化，民族文化相互交流的影响，经学也有很大的变化，也有若干次重大的改革，形成了各种流派。古代的各种政治主张，各种学术见解，也往往托原或者附会于经学。

古代史籍重视经学，记录了经学的发展，也为经学各个流派中的代表人物写了传记。正史中，除《三国志》《宋书》《南齐书》《旧五代史》《新五代史》外，都有《儒林传》或《儒学传》，记载经学研究者及经典传习情况。《宋史》还有《道学传》，所记亦即当时的经学新派。“二十四史”以外，《新元史》和《清史稿》，也有《儒林传》。至于《宋元学案》（一百卷，黄宗羲著，全祖望增补）、《明儒学案》（六十二卷，黄宗羲著）、《汉学师承记》（八卷，附《宋学渊源记》二卷，江藩著）一类书，更是属于专门记载儒学、经学的史籍了。

关于经学著作，从第一部目录书《七略》——《汉书·艺文志》起，即有详尽的著录。《七略》（即《汉志》）首列《六艺略》，共著录了103家，2123篇，占《七略》全部作者677家的15%，全部著作12951篇的24%。以后的目录，从荀勖《中经簿》起，“经部”在“四部”中总占第一部（甲部）。清代所修的《四库全书》中，“经部”书693部，占全书总数3431部的19.9%；共有卷数10050卷，占全书总卷数79281卷的12.6%。清初朱彝尊作《经义考》，把他所知道的历代经学著作，分“存”“阙”“佚”“未见”进行著录，仅写了各书解说，便成书三百卷。历代经学著作佚亡的不少，譬如唐以前的许多著作，都因《释文》《正义》流行，便没有什么人传习了（那些著作的主要内容都被《释文》《正义》所采用）。大抵有材料的尚可传远，凿空评论，反复剿袭的所谓“著作”，寿命往往是短暂的。

专辑经学著作的丛书也不少，以《通志堂经解》（纳兰性德辑刊）、《皇清经解》（阮元辑刊）及其《续编》（王先谦辑刊）为最著。《通志堂经解》139种，1781卷，主要是宋儒学派的著作。《皇清经解》190种，1468卷；《皇清经解续编》209种，1430卷，都是清代汉学（朴学）家的著作。

历代经学著作，还有待于进一步整理、总结。从现存古籍的各种门类讲，经学是古籍中数量最大的一个学科门类。

三、为什么要了解点经学

（一）经学与传统文化的关系

中华民族的传统文化，无论风俗，习惯，属于民俗范围的；道德、伦常，属于观念形态的，都与经学有一定的关系。这些方面的内容，当然不都是精华，不必推为“国粹”，但也不全是糟粕，更不可以一律指为“劣根性”。对于传统的一切，都要作具体的分析：哪些该继承，哪些该扬弃，哪些该发展，哪些该改革。鲁迅所提出的“拿来主义”，要求我们“运用脑髓，放出眼光，自己来拿”（《且介亭杂文》）。“自己来拿”就必须了解那个作为批判地继承的对象，就要学点经学。“自己来拿”就不能道听途说，人云亦云；只有“运用脑髓，放出眼光”，即体验实践，弄清底细，了解实情，才能有真知灼见。我们祖国历史悠久，遗产丰富，而经学更是它的有特殊影响的一部分，怎么能不了解一点呢？

（二）经学与阅读、整理古代典籍的关系

古人说：“穷经为读书之本。”这句话不完全正确，

可是，如果从阅读古代典籍的基础知识这一角度来理解，则不能说没有道理。中国古代士人都是读过经书的，所以他们的著述，无论内容、形式以至选词、用典，总离不开经书。现在有所谓“红学家”，不懂《红楼梦》旧评中的“棠棣之威”（出《诗经·小雅·棠棣》）、“豫大丰亨”（出《易经》“豫”“丰”），不能断句，闹出不能容忍的大笑话（见《红楼梦研究集刊》第二辑），便是一个典型的例子。不管你对于经书的评价怎样，但古代文人，包括写白话小说的曹雪芹，评论《红楼梦》的脂砚斋主人，以及写《啸亭杂录》的昭梿，都是熟读《五经》《四书》的，你不通经，怎么会和他们有共通语言？怎么会理解他们的著作？缺乏通经这种基础知识，要打起研究传统文化的旗号，不闹笑话，才是怪事！有些人动辄批评古人，轻易评论传统文化，然而连古人说的什么都不懂，古人的话从哪儿来的也没有弄清楚，你的批评，你的辩论，怎么能令人信服呢？这就是标准的“无实事求是之意，有哗众取宠之心”。因此研究传统文化，学习古代文学、古文献学、古代文化史，有个前提，就是要了解点经学，打好基础。从这个角度来理解“穷经为读书之本”，是有它的道理的。

（三）关于“通经致用”

“通经致用”是汉代今文学家提出的口号，皮锡瑞《经学历史》卷三专谈到这点。“致用”应该怎么理解，值得研究。皮锡瑞说：“武宣之间，经学大昌，家数未分，纯正不杂，故其学极精而有用。以《禹贡》治河，以《洪范》察变，以《春秋》决狱，以三百五篇当谏书，治一经得一经之益也。”皮锡瑞所举的这几个例子，可以一一考查：

“以《禹贡》治河”，是指的平当的事。据《汉书·隽疏于薛平彭传》，平当“以明经为博士”，又说：“当以明《禹贡》使行河，为骑都尉，领河堤。”《沟洫志》说：“哀帝初，平当使领河堤，奏言：九河今皆寘灭，按经义，治水有决河深川，而无堤防雍塞之文。”这就是平当以《禹贡》治水的具体主张。这种主张显然是硬搬《禹贡》教条，所以王先谦的《汉书补注》即作了评论说：“当言可谓明《禹贡》矣，然与后世筑堤束水、借水刷沙情势又自不同。”

“以《洪范》察变”，是指的刘向的事，《汉书·楚元王交传》说：“向见《尚书·洪范》箕子为武王陈五行阴阳休咎之应，乃集合上古以来，历春秋六国至秦汉符瑞灾异之记，推迹行事，连传祸福，著其占验，比类相从，各有条目。凡十一篇，号曰《洪范五行传论》，奏之。”《洪范五行传论》即今《汉书》的《五行志》。至多只能说他假借天灾变异的状况，向罪恶的统治者提出些告诫而已，所谓“察变”云云，完全是无知的迷信。

“以《春秋》决狱”，指的是董仲舒的事。《汉书·艺文志》的《春秋类》有《公羊董仲舒治狱》十六篇，《董仲舒传》说：“仲舒在家，朝廷如有大议，使使者及廷尉张汤就其家而问之，其对皆有明法。”齐召南、钱大昭都指出，董仲舒的对答问题即是《公羊春秋治狱》一书，其书《通典》及《太平御览》还有引用，《玉函山房辑佚书》曾辑其佚文。不顾当时法律，一味案《春秋》推理，任情轻重，直是为历史上有名的酷吏张汤杀人张目。

“以三百五篇当谏书”，指的是王式的事。《汉书·儒林传》说：“式为昌邑王师。昭帝崩，昌邑王嗣立，以行淫乱废，昌邑群臣皆下狱诛。唯中尉王吉、郎中令龚遂，以数谏减死论。式系狱当死，治事使者责问曰：师何以无谏书？式对曰：臣以《诗》三百五篇朝夕授王。至于忠臣孝子之篇，未尝不为王反复诵之也。至于危亡失道之君，未尝不流涕为王深陈之也。臣以三百五篇谏，是以无谏书。使者以闻，亦得减死论。”从这个故事看，所谓“以三百五篇当谏书”，不过是王式为自己的死罪辩解。如果《诗》三百五篇真起到了谏书的作用，昌邑王就不会那样荒淫无道了。所有这些例子，都不能证明“通经”可以“致用”。

章炳麟对于“通经致用”之说，曾予以有力地驳斥，他说，“西京之儒，其诵法既狭隘，事不周浃，而比次之，是以齵差失实，犹以师说效用于王官，制法决事，兹益害也！杜贾马郑之伦作，即知‘抟国不在敦古’（语见《管子·霸言》）；博其别记，稽其法度，核其名实，论其群众，以观世，而六艺复返于史，秘祝之病不渍于今。其源流清浊之所处，风化芳臭气泽之所及，则昭然察矣”（《检论·清儒》）。又说：“旧章诚不与永守，政不骤革，斟酌向今，未有不借资于史。先汉之史则谁乎？其惟姬周旧典见于六籍者，故虽通经致用未害也。迁固承流，而继事相次十有余家，法契之变、善败之数则多矣，犹言通经致用，则不与知六籍本意！”（《检论·订孔上》）又说：“《春秋》断狱，《禹贡》治河，三百五篇当谏书，无过以典训缘饰，不即曲学干禄者为之。汉之循吏吴公、张释之、朱邑、黄霸，少驽如韩延寿，皆以刀笔长民，百姓戴德。仲舒乃为张汤增益苛碎，尝仕江都，民无能称，侔于千驷。此则经术致用，不如法吏，明矣！仆谓学者将以实事求是，有用与否，固不暇计。求六艺者，究其一端，足以尽形；寿兼则倍之。泛博以为用，此谓九能之士，不可言学。近世翁同龢、潘祖荫之徒，学不覃思，徒掊摭《公羊》，以为奇觚。金石刻画，厚自光宠，然不敢言致用。康有为喜傅会，媚以拨乱之说，又外窃颜李为名高，海内始彬彬向风。其实自欺！诚欲致用，不如掾吏识形名者多矣！学者在辨名实，知情伪，虽致用不足尚，虽无用不足卑”（《文录》卷二《与王鹤鸣书》）。

早于章炳麟二百年的章学诚（1738—1801）曾说：“六经皆史也。”（《文史通义·易教上》）章炳麟基本上依据这个观点来评价儒家经典的。他认为自从司马迁作《史记》、班固作《汉书》以来，历史典籍已连续不断地出现，法制习俗既有改变，成功失败的经验也层出不穷，要讲“致用”，就不仅仅是“通经”而已。清末的经今文学家所喧嚣一时的“通经致用”，不过是维新派政治家的需要，也即康有为所谓“托古改制”的一个内容。不过“以典训缘饰”，附和的人甚至于有些“曲学干禄者”。章炳麟把“通经致用”这种口号的政治背景及其局限，可以说是讲得很清楚了。康有为鼓吹“通经致用”，到后来竟自上书黎元洪、段祺瑞，主张在宪法上明定孔教为“国教”（章炳麟有《驳建立孔教议》，在《文录》卷二），并主张全国学校尊孔读经，而他自己却成为“复辟”的顽固派了。章炳麟说："学者将以实事求是，有用与否，固不暇计。"这个话是有一定的科学精神的。

批判地继承传统文化遗产，经书和历代经学著述，要算一个重要的方面。毛泽东同志说，"从孔夫子到孙中山我们应当给以总结，承继这一份珍贵的遗产"，"这对于指导当前的伟大运动，是有重要帮助的"（《中国共产党在民族战争中的地位》）。如果说"通经致用"，恐怕只能从这个意义上来进行探讨。经书和历代经学著述，作为历史资料，作为传统文化遗产，它对于我们有历史的认识作用，也有当前的借鉴作用，那是合乎实际的。我们应对它加以科学的整理，并用马列主义的方法对其进行分析、批判，从而为我所用，而食古不化，或者片面地强调"立竿见影"的"效益"，都不足取！

分论

一、易

《易》——《周易》，相传是上古“三易”之一（“三易”见《周礼·春官·大卜》，一曰《连山》，二曰《归藏》，三曰《周易》）。郑玄说“周”是“《易》道周普，无所不备”的意思，孔颖达不取此说，认为“周取岐阳地名”，“《易纬》云‘因代以题周’是也”（《周易正义序·第三论三代易名》）。“易”，据《易纬乾凿度》说：“一名而含三义，所谓易也（此“易”指“简易”，见郑玄《易赞》及《易论》），变易也，不易也。”孔颖达取“变易”之义，云：“夫易者，变化之总名，改换之殊称”（见《周易正义序·第一论易之三名》）。

现传的《周易》分为上、下经。六十四卦

中，《乾》《坤》到《离》《坎》三十卦为上经；《咸》《恒》到《既济》《未济》三十四卦为下经。《周易正义序·第五论分上下二篇》曾讲了一些理由，颇为神秘。

卦是以阴（--）、阳（—）二爻（即两种符号）组成。一卦本是三爻，阴爻阳爻相乘（2×2×2，即2的立方），共成八卦，乾☰、坤☷、离☲、坎☵、兑☱、巽☴、震☳、艮☶是也。八卦相重（8×8），遂成六十四卦。（关于重卦，可看《周礼·春官·大卜》的贾公彦疏。）三爻的卦是谁人画的，相传以为伏羲；重卦的人就有各种说法：王弼等以为伏羲，郑玄等以为神农，孙盛以为夏禹，司马迁等以为文王。这些传说，都只能供参考（见《周易正义序·第二论重卦之人》）。

六十四卦，每卦有《卦辞》；一卦六爻，每爻有《爻辞》。（阴爻称“六”，阳爻称“九”。每卦从下数上，第一爻为“初”，第六爻为“上”，其余为二、三、四、五。）《卦辞》《爻辞》为《周易》上、下经的正文。《卦辞》《爻辞》的作者，有说是周文王（史迁及郑学之徒），又有说文王作《卦辞》，周公作《爻辞》（马融、陆绩等）。这些都只能看作传说（见《周易正义序·第四论〈卦辞〉〈爻辞〉谁作》）。

《周易》文字，除《卦辞》《爻辞》以外，便是所谓“十翼”，《彖辞上》《彖辞下》《象辞上》《象辞下》《系辞上》《系辞下》《文言》《说卦》《序卦》《杂卦》。《彖》《象》今本皆依《卦》《爻》分入上、下经（是谁人分入的，说法不一，有说是郑玄分入的，《坤》以下《象》又分入各《爻》，据孔氏《正义》说是王弼所为）。《文言》只《乾》《坤》二卦才有，也分附二卦（据说也是郑玄分附）。“十翼”相传是孔子所作（《周易正义序·第六论夫子“十翼”》）。研究《周易》，“十翼”是最重要的材料。陈澧谓费直以“十翼”解经是千古治《易》之准的（《东塾读书记》卷四）。

《周易》的传授，可以看《史记》及《汉书》《后汉书》的《儒林传》。西汉传《易》的今文学家主要是施雠、孟喜、梁丘贺和京房等，古文学家则有费直。后汉、三国时代为《易》作注的有郑玄、荀爽、虞翻诸家，而王弼注另辟蹊径，在南北朝时，便只有郑玄、王弼两家盛行。实际上南朝从宋颜延之以后都尊奉王注，北朝郑、王并行，王注的势力也不小（参看王应麟《困学纪闻》卷一及余嘉锡《四库提要辨证》卷一）。到唐代修《五经正义》，《周易》采用王注（《系辞》以下无王注，即用韩康伯注），其他各家遂渐佚亡。唐李鼎祚《周易集解》还保留了不少王注以外的各家

注（共三十五家），是了解唐以前《易》注的重要资料。

汉儒言《易》，专以象数、卦气，附会灾祥祸福，虽郑玄也不免。王弼始摆脱这些束缚。黄宗羲《易学象数论》云："王辅嗣注《易》，得意忘象，得象忘言（用王弼《易略例》语），日时岁月，五气相推，悉皆摈落。顾论者谓其以《老》《庄》解《易》。试读其注，简当而无浮气，何曾笼络玄言？故能远历于唐，发为《正义》，其廓清之功，不可泯也！"这是比较恰当的评论。宋儒大讲《易》图，使《易》又蒙上宗教神秘色彩。清儒反对《易》图，复从《周易集解》摭拾荀、虞碎义。《周易》如何研究，恐怕走王弼从哲理方面入手是条正路。不过，"《易》道深矣"（《汉书·艺文志》），研究起来，容易成为浮谈。梁代"《庄》《老》《周易》，总谓'三玄'"，元帝萧绎，酷爱讲授，颜之推说："吾时颇预末筵，亲承音旨，性既顽鲁，亦所不好云"（《颜氏家训·勉学篇》，《北齐书·文苑传》也说之推"虚谈非其所好"）。颜之推对待这种玄虚之学的态度，是值得我们思考的。

王应麟《困学纪闻》卷一说："程子谓学《易》先看王弼。"是宋儒也重视王注。今王注（包括韩注）单行本（可用《相台五经》本）附有《略例》（唐邢璹注），而注疏本（《十三经注疏》本包括王、韩注，陆德明《释文》，孔颖达《正义》）没有。读注疏本可不要忘记找《略例》一读，那是很重要的《周易》论文。

王注、孔疏以外，可以读李鼎祚《周易集解》（有《古经解汇函》本）。

宋儒《易》学著作，重要的在《通志堂经解》中；清儒的则在《清经解》和《清经解续编》中。

二、书

《书》——《尚书》，据说，“以其上古之书，谓之《尚书》”（此伪孔安国《尚书序》说，孔颖达《正义》以此为伏生之义，并谓“尚”字伏生所加。《正义》又引马融说，略同伏义，王肃则以为“上所言，史所书”，郑玄据《尚书璇玑钤》，谓孔子加“尚”字，所以尊之）。《汉书·艺文志》认为《书》本是古代的号令，号令必须是“立具”的口语，听众才能知晓，所以要“解古今语”方能读懂它。

《尚书》的流传与现存的本子，情况很复杂。据传，孔子删定从唐、虞到秦穆（周末）的典、谟、训、诰、誓、命为一百篇。汉初已残阙不全，济南伏生（名胜），本秦博士，汉文帝时已九十余岁，传出二十八篇（《史》《汉》《儒林传》都说是“诏太常使掌故朝错往受之”，颜师古《汉书注》引卫宏《古文尚书序》说是伏生老“不能正言”，使其女“传言”教错），因为当时用通行隶书记录，所以叫作《今文尚书》。

景帝时，鲁恭王在孔子宅的壁中得到比《今文尚书》多十六篇的《古文（用古籀字书写）尚书》，武帝天汉中（前100—前97年，距书出时几近六十年），孔子后人孔安国始上于朝，遭巫蛊事（巫蛊事在征和元、二年，即前92、前91年），未得施行。

到东晋元帝时（317—322年，距孔壁初出时已四百余年），豫章内史枚（此据《经典释文序录》，《正义》引《晋书》作“梅”）赜，忽然奏上有孔安国作《传》的《古文尚书》，比伏生所传的二十八篇多：一、《大禹谟》，二、《五子之歌》，三、《胤征》，四、《仲虺之诰》，五、《汤诰》，六、《伊训》，七—九、《太甲》上中下三篇，十、《咸有一德》，十一—十三、《说命》上中下三篇，十四—十六、《泰誓》上中下三篇，十七、《武成》，十八、《旅獒》，十九、《微子之命》，二十、《祭仲之命》，二十一、《周官》，二十二、《君陈》，二十三、《毕命》，二十四、《君牙》，二十五、《冏命》。共二十五篇。这个《古文尚书》所增多的二十五篇和孔安国的《传》，一直有人怀疑，但唐代的《经典释文》和《五经正义》都采用了这传本，于是沿习下来。清代阎若璩写《尚书古文疏证》，罗列一百二十八条证据（今传本《疏证》有阙文），断定二十五篇和孔《传》都出于晋人伪作，这就成为铁的定案。所以一般使用这个本子，对于伪作的二十五篇都称为“伪古文”，这个本子称为“伪孔本”，所谓孔安国的《传》也称为“伪孔《传》”。

现传的《尚书》除上列二十五篇为伪书外，还从《尧典》分出《舜典》（梁代姚方兴所得的《舜典》篇首二十八字，也是伪造，唐代《正义》本以后，这二十八字也加进去了），《皋陶谟》分出《益稷》，《盘庚》一篇分为三篇，《顾命》分出《康王之诰》，所以现传《尚书》为五十八篇。这五十八篇，计有《虞书》五篇，《夏书》四篇，《商书》十七篇，《周书》三十二篇。《虞书》《夏书》分为两部，也是造伪孔本者所为，汉儒传本都是叫《虞夏书》。

上面所叙述的《尚书》的真伪问题和今古文流传情况，是尽可能地求其简要。要进一步了解这个问题，必须细读阎若璩《尚书古文疏证》（有《清经解续编》本）；略知大要，则可参阅吴承仕《经典序录疏证》。

唐宋以后有关注解和研究《尚书》的著作，都依据的是伪孔本。宋人蔡沈《书集传》是影响较大的注解本（有江宁局、武昌局等处刻本）。

阎若璩《尚书古文疏证》出后，也有人为伪孔本翻案，如毛奇龄的《古文尚书冤词》，但清儒著作多是钩稽马、郑旧义，江声的《尚书集注音疏》、王鸣盛的《尚书后案》、段玉裁的《古文尚书撰异》、孙星衍的《尚书今古文注疏》为具有代表性的几部。他们的共同特点，都是排斥伪孔《传》，却因此出现了不少的问题。章炳麟说："今人知伪孔之非，为训说以更之者数家，猝然遇章句蹇棘，终已不能利解；就解其一二语，首尾相次，竟不知说何事。此有以愈于伪孔乎？无有也！"（《汉学论下》）其实只要知道伪孔本、伪孔《传》是晋代人所作，晋人见到汉魏人的资料不少，在指出它是伪造的同时，何尝不可以利用它呢？焦循《尚书补疏叙》说："东晋晚出《尚书孔传》，至今日稍能读书者皆知其伪。虽然，其增多之二十五篇伪也，其《尧典》以下至《秦誓》二十八篇固不伪也。则试置伪作之二十五篇，而专论其不伪之二十八篇，且置其为假托之孔安国，而论其为魏晋间人之《传》，则未尝不与何晏、杜预、郭璞、范宁等先后同时，晏、预、璞、宁之《传》《注》可存而论，则此《传》亦何不可存而论？”陈澧极称此为“通人之论”（《东塾读书记》卷五）。王先谦据此为《尚书孔传参证》（长沙思贤讲舍本）。平心而论，不仅不伪之二十八篇其《传》不应一切排斥，即伪作之二十五篇，亦当有个正确的估价。王懋竑《白田草堂存稿·论〈尚书〉叙录》云：“东晋所上之书，疑为王肃、束皙、皇甫谧辈所拟作。其时未经永嘉之乱，古书多在，采摭缀缉，无一字无所本。特其文气缓弱，又辞意不相连属，时事不相对值，有以识其非真。而古圣贤之格言大训，往往在焉，有断断不可以废者。”这也是比较通达的评论。

因此，现在读《尚书》仍然应该从伪孔《传》、陆氏《经典释文》、孔氏《正义》（即《十三经注疏》本）入手，但必须知道哪些是伪篇，这是起码的常识。

三、诗

《诗》——《毛诗》（四家诗今惟存《毛诗》，说见下），据《史记·孔子世家》载：“古者《诗》三千余篇，及至孔子，去其重，取可施于礼义，上采契、后稷，中述殷、周之盛，至幽、厉之缺。始于衽席。故曰：《关雎》之乱，以为《风》始；《鹿鸣》为《小雅》始；《文王》为《大雅》始；《清庙》为《颂》始。三百五篇，孔子皆弦歌之，以求合《韶》《武》《雅》《颂》之音。”这里说孔子删《诗》，又编定《风》《小雅》《大雅》《颂》的分类、篇什次序，而删《诗》和编《诗》的标准，则是以礼义核其内容，以弦歌考其音律。这些说法，都有不同的意见，但这是史籍最早的记载。

现传《毛诗》正分《风》《小雅》《大雅》《颂》四个部分，它的编次，当即《史记》所说由孔子纂定的。

《风》，有十五《国风》：《周南》十一篇，《召南》十四篇，《邶风》十九篇，《鄘风》十篇，《卫风》十篇，《王风》十篇，《郑风》二十一篇，《齐风》十一篇，《魏风》七篇，《唐风》十二篇，《秦风》十篇，《陈风》十篇，《郐风》四篇，《曹风》四篇，《豳风》七篇。共一百六十篇。《毛诗序》（即《关雎序》，或称《诗大序》）说：“风，讽也”（“讽”字据《释文》引崔灵恩《集注》本订。孔氏《正义》云：“风训讽也。”是其本亦作“讽”。今本作“风”，非是）。讽即讽诵，口头吟咏，不一定用乐器伴奏，这是民歌的特色，也是“风”的音乐特征。

《雅》分《小雅》《大雅》，它的组织一般是以十篇为一什。（《小雅》的最后《鱼藻之什》为十四篇，《大雅》的最后《荡之什》为十一篇。）计《小雅》七什：《鹿鸣》《南有嘉鱼》《鸿雁》《节南山》《谷风》《甫田》《鱼藻》，共七十四篇。《大雅》三什：《文王》《生民》《荡》，共三十一篇。《雅》诗总共一百零五篇（《小雅》里有“有义无词”的《南陔》《白华》《华黍》《由庚》《崇丘》《由仪》六篇，未计入）。《毛诗序》说：“雅者，正也。”正指正声，也是音乐上的概念。郑玄《小大雅谱》说：“《小雅》《大雅》者，周室居西都丰镐之时诗也”（郑玄《诗谱》全书已亡，今其序及各谱说，尚有孔氏《正义》所采用者在）。周中央王朝国都所在地的声腔，所以称为“正”。其实“雅”（今字作鸦）即是“乌”，李斯说的“歌呼乌乌快耳”的“秦之声”（见《史记·李斯传》），便是“雅”这种声腔的准确解释，周的西都丰镐即在秦地（说见章炳麟《文始》卷五）。大、小《雅》的区别，在于使用这些声腔的等级及其场合，郑玄《小大雅谱》说：“其用于乐，国君以《小雅》，天子以《大雅》，然而飨宾或上取，燕或下就。”当时的制度，究竟是怎样的呢？郑玄说：“此其著略，大校见在书籍，礼乐崩坏，不可得详。”只要知道它的区别，不一定是什么“政有小大”（《毛诗序》语），也就可以了。

《颂》包括《周颂》《鲁颂》和《商颂》，计《周颂》三十一篇，《鲁颂》四篇，《商颂》五篇。总共四十篇。“颂”的含义，阮元的《释颂》解释得最清楚。“颂”本是“容貌”的“容”字（《说文·页部》：“颂，皃也。从页，公声。”籀文作“额”）。《毛诗序》说：“颂者，美盛德之形容，以其成功告于神明者也。”阮元说：“颂之训为美盛德者，余义也；颂之训为形容者，本义也。”“三颂各章，皆是舞容，故称为颂，若元以后戏曲，歌者、舞者与乐器全动作也”（见《揅经室一集》卷一）。“美盛德之形容，以其成功告于神明”，即是在祀神的时候用配乐的舞蹈这一艺术形式（像歌剧，也即戏曲的最早形式）再现军事、政治、生产的胜利场面。它的歌词就叫作“颂”，“颂”的特征就是它的音乐是配合舞容的。

《诗》的编次，大致可以作这样的说明。有人说，《风》是抒情诗，《雅》是记事诗，《颂》是神的赞歌。这种说法，恐非编《诗》者的原意，也概括得不准确。

《毛诗序》说：“故诗有六义焉：一曰风，二曰赋，三曰比，四曰兴，五曰雅，六曰颂。”“六义”，《周礼·春官·大师》谓之“六诗”。郑玄注以“铺陈”解释“赋”，以“比类”解释“比”，以“喻劝”解释“兴”。至于“六义”的次第作如此安排，孔颖达的《毛诗正义》讲得很清楚，他说："风之所用，以赋、比、兴为之辞，故于风之下即次赋、比、兴。然后次以雅、颂，雅、颂亦以赋、比、兴为之。既见赋、比、兴于风之下，明雅、颂亦同之。"又说："风、雅、颂者，诗篇之异体；赋、比、兴者，诗文之异辞耳。大小不同，而得并为六义者，赋、比、兴是诗之所用，风、雅、颂是诗之成形，用彼三事，成此三事，是故同称为义，非别有篇卷也。"关于诗的"六义"，这样解释，是较为合理的。

《诗》因为"讽诵不独在竹帛"，所以"遭秦而全"（《汉书·艺文志》）。在汉代，传者四家：鲁人申培公为训诂，号为《鲁诗》；齐人辕固生作传，号为《齐诗》；燕人韩婴作内、外传，号为《韩诗》（《汉书·儒林传》及《经典释文序录》）。《鲁》《齐》《韩》三家是今文学派。鲁人大毛公（亨）作《诂训传》，河间献王得之，立小毛公（赵人毛苌）为博士，是为《毛诗》（《诗谱》及陆玑《毛诗草木鸟兽虫鱼疏》）。《毛诗》是古文学派。后汉郑玄作《诗笺》，"宗毛为主"（《六艺论》），于是《毛诗》盛行南北（《北史·儒林传序》）。"《齐诗》久亡（《隋书·经籍志》谓魏代已亡），《鲁诗》不过江东，《韩诗》虽在，人无传者”（《经典释文序录》）。唐时《韩诗内传》又亡，今惟存《外传》。

魏、晋讫六朝人的《毛诗》著述，多采入《经典释文》及《毛诗正义》中。宋人颇多异说，朱熹的《诗集传》是宋人研究《毛诗》的代表作（《四部丛刊三编》影宋二十卷本最好）。清人宗尚毛、郑，胡承珙的《毛诗后笺》、马瑞辰的《毛诗传笺通释》是两部重要的著作（皆有《清经解续编》本）；陈奂的《毛诗传疏》（《清经解续编》本）宗毛排郑，稍为颛固。

《鲁》《齐》《韩》三家诗的遗说，清儒也进行搜采。陈乔枞的《鲁诗遗说考》《齐诗遗说考》《韩诗遗说考》（皆在《清经解续编》中），收罗得较为完备，但有不少附会。王先谦曾综合清儒的著述，作有《诗三家义集疏》（长沙虚受堂刻本）。

《诗》究竟应该如何进行研究，正有待于实事求是地作科学探讨。探讨和争鸣的有志之士，必须具备起码的基础知识。郑振铎的《关于〈诗经〉研究的重要书籍介绍》（收录在1957年作家出版社本《中国文学研究》第一卷中），可以参考。

四、礼

“礼”在古代的训诂中，有“履”“体”的含义（见《说文·示部》《尔雅·释言》《广雅·释言》《释名·释典艺》等），它的实践的概念是明白的（“履”，指履践、履行，“体”指体验、体会）。儒家重视“礼”，孔子说：“导之以政，齐之以刑，民免而无耻；导之以德，齐之以礼，有耻且格”（《论语·为政》）。讲求“儒效”的荀子，提出“隆《礼》义而杀《诗》《书》”（《荀子·儒效》）。他说：“人生而有欲；欲而不得，则不能无求；求而无度量分界，则不能不争；争则乱；乱则穷。先王恶其乱也，故制礼义以分之，以养人之欲，给人之求，使欲必不穷乎物，物不必屈于欲。两者相持而长，是礼之所起也”（《礼论》）。由此可见，儒家学派不仅把“礼”当作道德范畴，而且也把它当作政治范畴了。

现传的儒家经典有《周礼》《仪礼》《礼记》三部，号称“三礼”。“三礼”不仅反映了汉以前的制度、风俗、仪节、礼貌，而且也记录了儒家各派对于这些方面的设想。以下对于“三礼”作简单的介绍。

（一）《周礼》

《周礼》——旧称《周官》（《史记·封禅书》《汉书·礼乐志》《河间献王传》）或《周官经》（《汉书·艺文志》），刘歆始以为《周礼》（《汉纪·成帝纪》）。据说，汉武帝“除挟书之律，开献书之路”以后，“既出于山岩屋壁，复入于秘府”。汉成帝时，刘向、刘歆“校理秘书，始得列序”。“然亡其《冬官》一篇，以《考工记》足之”（贾公彦《周礼疏·序周礼废兴》引马融《周礼传序》）。

《周礼》分六官：一曰《天官冢宰》，“掌邦治”；二曰《地官司徒》，“掌邦教”；三曰《春官宗伯》，“掌邦礼”；四曰《夏官司马》，“掌邦政”；五曰《秋官司寇》，“掌邦禁”；六曰《冬官司空》，因为亡佚了，所以用《考工记》补充，《考工记》的开头说“国有六职，百工与居一焉”，《冬官司空》便是管“工”的。《周礼》全书的组织，是很周密的。

《天官大宰》“以八法治官府”，一、“官属”，二、“官职”，三、“官联”，四、“官常”，五、“官成”，六、“官法”，七、“官刑”，八、“官计”。《周礼》对于各官的记叙，便是根据的这八项。孙诒让的《周礼正义略例》说：“古经五篇，文繁事富，而要以《大宰》‘八法’为纲领。众职分陈，区畛靡越。其‘官属’一科，叙官备矣。至于司存攸寄，悉为‘官职’。总揭大纲，则曰‘官法’（若《大宰》‘六典’‘八则’之类）。详举庶务，则曰‘官常’（若《大宰》‘正月之吉始和，布治于邦国都鄙’以下，至职末，皆是也）。而‘官计’‘官成’‘官刑’，亦错见焉（若《大宰》职末‘受会’，则‘官成’也；‘大计群吏’，则‘官计’也；‘诏王废置’‘诛赏’，则‘官刑’也）。六者自‘官职’‘官常’外，余虽或此有彼无，详略互见，而大都分系当职，不必旁稽。唯‘官联’条绪纷繁，脉络隐互，散见百职，钩核为难。今略为甄释，虽复疏阙孔多，或亦稽古论治之资乎？”孙氏这条《略例》，可以说是抓住了阅读《周礼》的纲。对于复杂的“官联”，他也提供了详尽的资料。

《周礼》在东汉时始有人作注释，据贾氏《序周礼废兴》引郑玄《周礼序》及《释文序录》所载，有杜子春、郑兴（少赣）、郑众（仲师）、卫次仲、贾逵（景伯）、马融（季长）诸人。郑玄注博采诸家，引杜子春及二郑（兴，称郑大夫；众，称郑司农）注的很多，也引了贾逵一条（没有引马融，孙诒让以为汉人重家法，凡述师说，不复别白）。在校勘上也比较了“故书”“今书”。郑注群经中《周礼注》颇类后代的“集解”，但有严格的断制。

汉儒今古学派在《周礼》的问题上争执很厉害。贾氏《序周礼废兴》云：“林（或作临，字通）孝存（即临硕）以为武帝知《周官》末世渎乱不验之书，故作十论、七难以排弃。何休亦以为六国阴谋之书。唯有郑玄，遍览群经，知《周礼》者乃周公致太平之迹，故能答林硕之难，义得旁通。”郑玄对于《周礼》用力很深，自然有感情，因此他站在古文学派的立场，驳斥了林、何的今文学派说法，而且承用了刘歆的旧义（“周公致太平之迹”是刘歆之说，见《序周礼废兴》引马融《传》）。魏、晋以后，南北礼学，“同宗于郑氏”（《北史·儒林传序》）。唐人义疏，更崇郑学。然而中唐宋元诸儒对于《周礼》仍是聚讼纷纭。清代学者汪中的《周官徵文》（《述学·内篇》卷二），是一篇很有影响的论文，他列举六证说明《周官》是周公所定。认为“以其晚出而疑之，斯不学之过”。陈澧推阐汪说，又以为“《周礼》是周室典制，但无以见其必为周公所作耳”（《东塾读书记》卷七）。平心而论，用“渎乱”“阴谋”等语抹杀《周礼》，是不公道的。一定要认为它是周公所作，也太武断。“其为先秦古书，似无可疑”（《直斋书录解题》卷二）的说法，比较客观。这部书，有些地方可能反映了周制，但恐怕大部分是儒家某一学派对于国家管理制度的设想，如果是“致太平之迹”，那不过是一种愿望而已。作为一种政治学说、法制思想的历史资料，《周礼》的价值是很高的。孙诒让说：“此经上承百王，集其善而革其弊。”“榷其大较，要不越政、教二科”（《周礼正义序》）。这种议论，是值得注意的。

《周礼》中的《考工记》还值得特别提一提。贾《疏》在《冬官·考工记》的题下引郑玄《三礼目录》说：“象冬所立官也。是官名司空者，冬藏闭万物，天子立司空使掌邦事，亦所以富立家，使民无空者也。司空之篇亡，汉兴购千金不得，此前世识其事者，记录以备大数，古《周礼》六篇毕矣。”陈澧说：“《考工记》实可补经，何必割裂五官乎？作记者以一人而尽谙众工之事，此人甚奇特。且所记皆有用之物，不可卑视之。惟其卑视工事，一任贱工为之，以致中国之物，不如外国，此所关者甚大也，今时乃颇悟之矣”（《东塾读书记》卷七）。清儒讲求徵实之学，所以特别重视《考工记》，这是中国古代科技史料的一部重要著作。

六朝人的《周礼》著述不多，唐代贾公彦的《周礼疏》“盖据沈重《义疏》重修，在唐人经疏中，尚为简当”（孙诒让《周礼正义略例》）。清儒崇尚徵实之学，而在《周礼》研究中的集大成者则是孙诒让的《周礼正义》。这部书不仅是清儒所谓的“新疏”中的最好一部，而且在整理古籍的成就中也属罕见的大著。

（二）《仪礼》

《仪礼》——本是《礼经》（《汉书·艺文志》、又《河间献王传》颜师古注），一称《士礼》（《史记·儒林传》《汉书·艺文志》，黄以周《礼书通故》卷一谓大戴本全书先列《士礼》九篇，因有此名）；今称《仪礼》，则始见于晋荀崧《上疏请增置博士》（《宋书·礼志》，参看《全晋文》卷三十一），六朝以后，都用此名。今本十七篇，是汉初高堂生所传（《史》《汉》《儒林传》及《汉志》），汉宣帝时后苍为作《曲台记》（《汉志》及《儒林传》），苍传梁人戴德延君，及德兄子圣次君，号为大、小戴，又有沛人庆普孝公，由是《礼》有大戴、小戴、庆氏之学（《汉书·儒林传》）。他们所传的本子都是今文（隶书）；鲁淹中里、孔子壁中及河间献王所献的《礼经》，则为古文（籀篆），古文除与十七篇文同而字异外，还有多出的《逸礼》三十九篇（《汉志》《河间献王传》及《六艺论》）。郑玄注采用了十七篇的本子，参校今、古文，正文从今文者注出古文，从古文者注出今文，还参校了“或本”，校勘工作是作得很细致的（参看向宗鲁先生《校雠学·宗郑》）。

《周礼·春官·宗伯》“掌邦礼”，郑玄注：“礼，谓《曲礼》五：吉、凶、宾、军、嘉。”孙诒让《正义》谓《曲礼》即指《仪礼》，郑氏《目录》（郑玄《三礼目录》虽亡，但孔、贾《疏》引用颇具）于《仪礼》每篇并云，于五礼属某礼（如《士冠礼》篇题下引《目录》云：“于五礼属嘉礼”），即所谓《曲礼》五也。《困学纪闻》卷五引《三礼义宗》（崔灵恩作）云：“《仪礼》十七篇，吉礼三，凶礼四，宾礼三，嘉礼七，军礼皆亡。”

《仪礼》十七篇的次序，大戴、小戴和刘向《别录》，三家不同。郑玄注本是按刘向《别录》的次序安排的，《目录》把大戴、小戴的次序异同全部标出。贾《疏》、胡培翚《正义》的卷首、《四库提要》卷二十对各本次序都作了综合的叙述，可以参看。

《仪礼》所记都是行礼的细节，《抱朴子·外篇·省烦》即曾指出：“冠、婚、饮、射，何烦碎之甚邪！”又说：“往者天下乂安，四方无事，好古官长，时或修之。执卷从事，案文举动，黜谪之罚，又在其间，犹有过误，不得其意。而欲以此为（旧有衍文，今删去）生民之常事，至难行也。”韩愈《读〈仪礼〉》也说："其行于今者盖寡。"如果要把书中所列细节付诸实行，那是不可以，也不可能的。但是它所反映的古代宫室、服食、器用等等形貌，等级、亲疏、揖拜种种差别，作为社会学、民俗学的历史资料去进行探索，似乎还不能说没有意义。

陈澧说："《仪礼》难读，昔人读之之法，略有数端：一曰分节，二曰绘图，三曰释例。"（《东塾读书记》卷八）郑《注》、贾《疏》，便已注意"分节"，吴廷华的，《仪礼章句》（《清经解》本）、张尔岐的《仪礼句读》（江宁局本），也属于这一类书。杨复和张惠言的《仪礼图》（杨书在《通志堂经解》中，张书在《清经解续编》中），都属于"绘图"，张书更为详密。合"三礼"为图的则聂崇义的《三礼图》（《通志堂经解》本、《四部丛刊三编》本）为最有影响；黄以周《礼书通故》中的图（在卷四十八、四十九），是三礼图的最好者。《仪礼》的《记》，已有些凡例，郑注发凡有数十条。但是，清人江永的《仪礼释例》（在《清经解续编》中）、凌廷堪的《礼经释例》（在《清经解》中），特别是凌书，对于"释例"作了很有条理的工作。

《仪礼》十七篇中，有十三篇后面都附《记》；《丧服》

还有《传》（《传》分在每节下，署名“子夏”）。汉儒对它作注的却不多，郑玄以前只有后苍的《曲台记》（说见《东塾读书记》卷八）。郑注“于礼特明，皆有证据”（荀崧语，见前）。唐人贾公彦的《疏》，据说是删齐黄庆、隋李孟悊的两种《疏义》而成的（晁公武《郡斋读书记》衢州本卷二）。宋儒朱熹的《仪礼经传通解》合《仪礼》《礼记》诸书另行编纂，其中订正旧疏错误，有可取之处，若说这样的书“纯是汉唐注疏之学”，“近儒之经学考订，正是朱子家法”（《东塾读书记》卷八），那就不免有些不实在了。清儒治《仪礼》的人颇多，但胡培翚的《仪礼正义》（有五篇为其弟子杨大堉补辑），比起孙诒让的《周礼正义》，就远远不及了。

（三）《礼记》

《礼记》——是一种关于“礼”的资料汇编，其中有关于《周礼》《仪礼》的研究论文，关于“礼”“乐”的通论，也包括一些零散的“逸礼”。现传的《礼记》有戴德（延君）的《大戴记》和戴圣（次君）的《小戴记》两种。《大戴记》本八十五篇，现只存三十九篇；《小戴记》四十九篇。郑玄为《小戴记》作注，唐人作《正义》便采用了《小戴记》，所以后来所说的“三礼”中的《礼记》，《十三经注疏》中的《礼记》，都指《小戴记》。

两戴《礼记》所采用的材料来源，吴承仕的《经典释文序录疏证》，曾总结为九项：一、礼家之记（如《汉志》所著录的七十子后学所记的《记》百三十一篇及《明堂阴阳》三十三篇、《王史氏》二十一篇等）；二、乐家之《乐记》；三、《论语》家之《孔子三朝记》；四、《尚书》家之《周书》；五、九流之儒家；六、九流之道家；七、九流之杂家；八、近代之作；九、逸礼。第三、四、六这三项，只有《大戴记》中才有，所以《小戴记》的材料来源凡有六项，而儒家的著作为多。

《经典释文序录》引晋陈邵的《周礼论序》认为大戴删古《记》，小戴又删《大戴记》，这种说法是无稽之谈，清儒戴震、钱大昕、臧镛堂、陈寿祺、吴文起、黄以周等都进行了驳正。现存的《大戴记》还有不少与《小戴记》内容相同的，完全可以证明大、小戴是各自成书，没有谁删谁的问题（参看《经典释文序录疏证》）。

两戴《记》是对《礼》的研究的材料汇编，内容十分庞杂。特别是有些制度问题，出现的矛盾很多。郑玄注遇到说不通的地方，往往解释为夏、殷、周异制。直到廖平作《今古学考》，始用今文、古文学派不同的理论去解释两戴《记》中的矛盾问题。《今古学考》卷上的《两戴记今古分篇目表》，把《小戴记》的《王制》、《大戴记》的《千乘》等十五篇列为“今”，《小戴记》的《玉藻》、《大戴记》的《盛德》等四十一篇列为“古”；《小戴记》的《文王世子》、《大戴记》的《本命》等五篇列为“今古杂”；《小戴记》的《大学》、《大戴记》的《武王践阼》等二十五篇列为“今古同”。他的排列，虽不都是准确的，但却为两戴《记》的研究找到了前人未曾发见的新路子。《今古学考》卷下的《经话》说：

> 郑君注《礼记》，凡遇参差，皆以为殷周异制。……郑不以为今古派者，盖两汉经师已不识《王制》为今学之祖。……但知与《周礼》不合。

又说：

> 今古经本不同，人知者多；至于学官皆今学，民间皆古学，则知者鲜矣。……知今学同祖《王制》，万变不离其宗；戴《礼》今古杂有，非一家之说。……古学主《周礼》，隐与今学为敌。……西汉大儒，均不识此义矣；何论许（慎）、郑乎？

又说：

> 《易》《书》《诗》《春秋》《仪礼》《周礼》《孝经》《论语》，今古之分，古人有成说矣。唯戴《记》两书中诸篇，自有今古，则无人能分别其说。盖戴《记》所传八十余篇，皆汉初求书，官私所得。有先师经说，有子史杂抄，最为驳杂。其采自今学者，则为今学家言；采自古学者，则为古学家言。……今古所以混淆之始。……今之分别今古，得力尤在将戴《礼》中各篇，今古不同者，归还本家。戴《记》今古定，群经之今古无不定矣。

廖氏这些议论，对我们研究《礼记》，是很有启发的。

后汉经师马融（季长）始注《小戴礼记》，卢植（子干）从马融学，又为之《解诂》，郑玄与卢植同学，即用马、卢之本，复为作《注》（见《后汉书·卢植传》；又元行冲《释疑》，载在《旧唐书》本传及《全唐文》卷二百七十二）。晋宋以后，郑《注》流行，传《礼记》者，南朝盛于北朝。孔颖达纂修《礼记正义》时，见于世者，有南朝皇侃、北朝熊安生的著述。孔氏《正义》“据皇氏以为本，其有不备，以熊氏补焉”（见《礼记正义序》）。今日本犹存皇侃《礼记子本疏义》的残卷子本，为第五十九卷《丧服小记》。因为书中有“灼案”“灼谓”等语，又名“子本”，所以岛田翰以为侃弟子郑灼所上（见《古文旧书考》卷一，残卷全文即载入此书）。孙诒让亦同意此说（《礼记子本疏义残本跋》，见《籀庼述林》卷六）。这个残卷的存在，可以了解孔氏《正义》的因革。宋儒卫湜的《礼记集说》、元儒陈澔的《礼记集说》（有《通志堂经解》本，陈书并有《补正》），都是因袭郑、孔之说。清代治《礼记》的学者不少，但如朱彬的《礼记训纂》（《四部备要》本）、孙希旦的《礼记集解》（《万有文库》本），都是无法与孔氏《正义》比拟的。

《大戴礼记》现存有卢辩注（《四部丛刊》本），清儒治此书者，以孔广森的《大戴礼记补注》（《畿辅丛书》本附王树枏《校正》）、汪照的《大戴礼注补》（《清经解续编》本）、王聘珍的《大戴礼记解诂》（《广雅丛书》本）、孙诒让的《大戴礼记斠补》（甲寅石印本）为较好。

《小戴记》的《月令》，《大戴记》的《夏小正》，是有关古代农业科学的著作。《月令》，汉代蔡邕已作《章句》（辑本甚多，可以参看向宗鲁先生《月令章句疏证叙录》）；《夏小正》则清代洪震煊《疏义》（《清经解》）可以一读。

五、春秋

《春秋》是鲁史记之名。《孟子·离娄下》："王者之迹熄而《诗》亡，《诗》亡然后《春秋》作，晋之《乘》、楚之《梼杌》、鲁之《春秋》，一也。其事则齐桓、晋文，其文则史，孔子曰：'其义则丘窃取之矣。'"这是说《春秋》缘起及其名称的最早，也是最重要的材料。

《春秋》的名称，据《孟子》说，晋叫《乘》，楚叫《梼杌》，其实晋、楚也同样可以叫作《春秋》，《国语·晋语七》："羊舌肸习于《春秋》。"又《楚语上》："教之《春秋》，而为之耸善而抑恶焉。"岂但晋、楚，其他各国亦然，《墨子·明鬼下》引"燕之《春秋》""宋之《春秋》""齐之《春秋》""周之《春秋》"，而且还提到"百国《春秋》"（此《墨子》佚文，见《隋书·李德林传》及《史通·内篇·六家》）。可以知道，《春秋》是当时史书的通称。所以名为"春秋"者，因为它是"以事系日，以日系月，以月系时，以时系年"的编年体史书，"年有四时，故错举以为所记之名也"（杜预《春秋序》）。

现传的《春秋》是孔子用鲁史作底本，又参校百国《春秋》而加以修订的。孔子修《春秋》是今古学派所公认的。《公羊·庄七年传》曾引“不修《春秋》”，《左氏·成十四年传》说：“非圣人孰能修之。”《公羊传》代表今文学派，《左氏传》代表古文学派，都承认孔子修《春秋》。后来的一些捕风捉影的怪说，是够不上称什么“学派”的。

现存的《春秋传》有《左氏》《公羊》《穀梁》，号为“《春秋》三传”。《左氏》为古文学派，《公》《穀》为今文学派。兹将“三传”分别叙述如下。

（一）《春秋左氏传》

《春秋左氏传》——省称《左传》，或称《左氏春秋》。《史记·十二诸侯年表序》说：“孔子明王道，干七十余君，莫能用，故西观周室，论史记旧闻，兴于鲁，而次《春秋》，上记隐，下至哀之获麟，约其辞文，去其烦重，以制义法。王道备，人事浃。七十子之徒，口受其传指。为有所刺讥褒讳挹损之文辞，不可以书见也。鲁君子左丘明，惧弟子人人异端，各安其意，失其真，故因孔子史记，具论其语，成《左氏春秋》。”这是对《左传》缘起的最早说明。

左丘明，《汉书·艺文志》说是“鲁太史”，而且说他与孔子同观鲁国的史记，关于左丘明与孔子合作修《春秋》，今文学派也是承认的。孔颖达《春秋序疏》引沈文阿说："《严氏春秋》引《观周篇》云：'孔子将修《春秋》，与左丘明乘如周，观书于周史，归而修《春秋》之《经》，丘明为之《传》，共为表里。'"《严氏春秋》的作者严彭祖（公子），是董仲舒的三传弟子（《汉书·儒林传》《六艺论》及《经典释文序录》）。所引的《观周篇》，当是汉以前或汉初的典籍。今文学派的严彭祖引用它，可以看出这派学者的态度。桓谭《新论》说"《左氏传》于《经》，犹衣之表里，相待而成。《经》而无《传》，使圣人闭门思之十年，不能知也"（严辑本入《正经》，见《全后汉文》卷十四）。这就是《左氏传》与《春秋经》关系的非常明确的说明。

《春秋》记鲁隐公元年到鲁哀公十四年（即周平王四十九年到敬王三十九年，公元前722—前481年）凡鲁国十二公、二百四十二年中的事。十二公为隐（前722—前712年）、桓（前711—前694年）、庄（前693—前662年）、闵（前661—前660年）、僖（前659—前627年）、文（前626—前609年）、宣（前608—前591年）、成（前590—前573年）、襄（前572—前542年）、昭（前541—前510年）、定（前509—前495年）、哀（前494—前481年，即十四年）。孔子只修到哀公十四年，当时他七十一岁，到七十三岁、哀公十六年（前479年）他便死去。《左传》所记之事却延长到哀公二十七年（周定王元年，即公元前468年）。从哀公十五年到二十七年，凡十三年，皆左丘明所续。哀公二十七年的《传》，还提到“悼之四年”的事，鲁悼公四年（周定王六年，即前463年），去哀公二十七年已经五年。《左传》举悼公的谥号，则作者写此事当在悼公死后，悼公死于周考王十二年（前429年）；悼公死后四年赵襄子卒（前425年），《传》亦称其谥。章炳麟的《春秋左氏疑义答问》卷一，曾假定《左传》作者左丘明与孔子弟子卜商（子夏）同年。卜商比孔子小四十四岁，孔子卒时卜商二十九岁。左丘明如果也是这样的年龄，那么，假如他在赵襄子卒年稍后死去，则至少当为八十三岁（约前508—前425年）。章炳麟并认为《经》文“鲁哀公”的标题，也是出于左丘明之手，因为孔子死时哀公犹在，不得称其谥号。这样的推测，是可以参考的（年代据《史记·十二诸侯年表》及《六国年表》）。

《左传》的传授者，据说有吴起、荀卿、张苍、贾谊诸人（《春秋序疏》引《别录》及《汉书·儒林传》《经典释文序录》）。而刘向及其子歆，推尊《左氏》，歆在汉哀帝时并移书太常博士论此事（《汉书·楚元王交传》附歆事，《移书让太常博士》又见《文选》卷四十三）。后汉传此书者以贾逵为最有名，逵在章帝建初元年（公元76年）曾条上《左氏传》大义长于《公》《穀》二传者（《后汉书·贾逵传》）。郑玄欲注《左传》未成，尽以付服虔（《世说新语·文学》）。然服不注《经》，故杜预《春秋序》但举刘歆（子骏）、贾逵（景伯）父子（逵父徽字元伯，见《逵传》）、许淑（惠卿），颍容（子严）诸家（许淑见《续汉书·律历志》及《后汉书·范升传》，颍容见《儒林传》）。杜预（元凯）之注，集众家之说，故名《春秋经传集解》（此用俞正燮《癸巳类稿》卷五《春秋左传书式考》说）。其书认为"《经》之条贯必出于《传》，《传》之义例总归诸凡，推变例以正褒贬，简二《传》以去异端"（以上用杜《序》中语），"实非刘、贾、许、颍所逮"（章炳麟《左氏春秋疑义答问》卷一，又《太炎文录续编》卷一《汉学论下》亦有同样议论）。又集《春秋》诸例及《土地名》《世族谱》《长历》等为《春秋释例》（有《四库全书》辑《永乐大典》本），与《集解》并行。《集解》成后，又值汲冢文物出土，还写了一篇以地下文物证《左传》的《后序》（此《后序》阮刻《十三经注疏》本据宋本《正义》、淳熙经注本、万历监本载在《校勘记》中；《四部丛刊》本据明依阮仲猷刊本补；《经义考》

卷一百七十三、《全晋文》卷四十三亦有之，皆未注明出处）。唐修《正义》，即用杜注（《释文》同）。《正义》以刘炫《义疏》为本，又参用了沈文阿（或作何，误）的《义疏》。中唐以后及宋、明诸儒多舍《传》求《经》，恣意立说。清儒又往往偏崇贾服旧注，如洪亮吉《春秋左传诂》（《清经解续编》本）、刘文淇《春秋左传旧注疏证》（其孙寿曾续补，止于襄公五年，未成，科学出版社辑印稿本），都没有超过杜《注》孔《疏》。

读《左传》（有时也包括《公》《穀》二传），要充分利用前人编辑的类乎工具书的著作。如宋人冯继先的《春秋名号归一图》（载在《相台五经》本前），又《春秋二十国年表》（不知作者，《相台》本及《四部丛刊》本前皆载之）及清人顾栋高的《春秋大事表》（《清经解续编》本），都是极有用的书。姚彦渠的《春秋会要》（中华书局排印本）也可参考。至于马骕的《左传事纬》、高士奇的《左传纪事本末》（皆只有木刻本），则对于《左传》的史实的排比，很有帮助翻检的作用。

（二）《春秋公羊传》

《春秋公羊传》——省称《公羊传》，《汉书·艺文志》以为“末世口说流行”之作。《释文序录》引桓谭《新论》云：“《左氏传》遭战国寝藏，后百余年鲁人穀梁赤作《春秋》，残略多有遗文，又有齐人公羊高缘《经》文作《传》，弥失本事”（严辑本入《正经》，见《全后汉文》卷十四）。似《公羊》之作更在《穀梁》之后。（徐彦《何休序疏》引戴宏《序》谓公羊高五传至胡毋子都始著于竹帛）。然而《春秋说题辞》云：“传我（指孔子）者公羊高也。”戴宏《序》亦云：“子夏传与公羊高。”（皆见徐彦《何休序疏》引）陈振孙《直斋书录解题》（聚珍本卷三）指出，“公羊善谶”，“言谶文者多宗之”，这些都是“傅会之言”。

《公羊》家认为《春秋》“本据乱而作，其中多非常异义可怪之论”（何休《序》）。所谓“《春秋》属商”（徐彦《公羊题下疏》引《考经说》）；所谓“孔子受端门之命，制《春秋》之义，使子夏等十四人求周史记，得百二十国宝书，九月《经》立”（徐《疏》引闵因《序》及《感精符》《考异邮》《说题辞》）；都是为公羊高传于夏（卜商）之学制造依据的。又有所谓“作《春秋》以改乱制”，“为汉帝制法”（徐《疏》引《春秋说》），则是以《公羊》家说适应当时政治的需要。至于所谓“三科九旨”“五始”“七等”“六辅”“二类”“七缺”的说法，则是注《公羊》学的一些基本理论，据徐《疏》引何休《文谥例》说，“三科九旨者，新周，故宋，以《春秋》当新王，此一科三旨也”；“所见异辞，所闻异辞，所传闻异辞，二科六旨也”；“内其国而外诸夏，内诸夏而外夷狄，是三科九旨也”（徐《疏》引《春秋说》宋氏注谓“三科”为“张三世”“存三统”“异内外”；“九旨”为“时”“月”“日”“王”“天王”“天子”“讥”“贬”“绝”。徐云：“宋氏又有此说，贤者择之”）。“五始者，元年，春，王，正月，公即位是也”。“七等者，州，国，氏，人，名，字，子是也”。“六辅者，公辅天子，卿辅公，大夫辅卿，士辅大夫，京师辅君，诸夏辅京师是也”。“二类者，人事与灾异是也”。“七缺者”，“夫之道缺”，“妇之道缺”，“君之道缺”，“臣之道缺”，“父之道缺”，“子之道缺”，“周公之礼缺”，“是为七缺也矣”（徐《疏》释七缺，未出《文谥例》之名，盖蒙上文而省）。举这些例子，可以见《公羊》家的“非常异义可怪之论”的一斑了。

西汉时代治《春秋公羊》的大师以董仲舒为最有名，他著的《春秋繁露》（有苏舆《义证》），是把《公羊》家学说与作为统治思想的儒家学说纠结在一起发挥的，研究《公羊传》必须读一读《春秋繁露》。西汉时传《公羊》者有严（彭祖）、颜（安乐）二家。东汉时何休的《公羊传解诂》是集《公羊》学说大成的著述。王国维认为他所用的《公羊传》的本子也是综合严、颜两家而参订的（《观堂集林》卷四《书〈春秋公羊传解诂〉后》）。魏、晋以后传《公羊》者不多，现在流传的《公羊疏》，其作者徐彦，吴承仕以为是唐以前人（《经典释文序录疏证》；《四库提要》卷二十六从董逌《广川藏书志》说，谓其时代在贞元、长庆以后，不确）。清儒崇尚汉学，于是《公羊》也得到重视。刘逢禄的《公羊何氏释例》（《清经解》本）、凌曙的《公羊礼疏》《春秋繁露注》（并《续经解》本）、包慎言的《春秋公羊传历谱》（《续经解》本）等都是重要的著述，而陈立的《公羊义疏》，搜采最为丰富，在清人所作的“新疏”中，也是较好的一部（同时他还作《白虎通义疏证》，为研究《公羊》的重要参考书；两书并有《续经解》本）。

（三）《春秋穀梁传》

《春秋穀梁传》——省称《穀梁传》，亦《汉书·艺文志》所谓“末世口说流行”之作，桓谭谓穀梁名赤（见上引）。“赤”字又作“寘”“俶”“淑”“喜”（或误作“嘉”），皆声转相通（用《经典释文序录疏证》说）。《四库提要》卷二十六谓《穀梁传》亦当如《公羊》，乃传其学者著之竹帛。

《穀梁》在“三传”中比较朴质。荀崧上疏（见前引）称“其书文清义约，诸所发明，或《左氏》《公羊》所不载”。范宁《序》云：“《穀梁》清而婉，其失也短。”章炳麟谓之“淡泊鲜味”（《检论·清儒》）。这些议论，可以看出《穀梁》的特征。廖平则称《穀梁》为鲁学正宗，又谓《穀梁》《左氏》为今古学根本（《今古学考》下《经话》），他对于《穀梁》的评价甚至在《公羊》之上。

为《穀梁》作注的人不多，晋范宁的《集解》采各家之说，各记其姓名，又引用了他家三代的解说，称“先君”的为其父注，称“邵”的为其从弟，称“泰”“雍”“凯”的则是他的儿子（见杨士勋《序》题下《疏》）。唐陆德明的《释文》、杨士勋的《疏》都采用范注（杨士勋曾参加《左传正义》的编纂，见孔颖达《序》）。清儒治《穀梁》者也很少，柳兴恩的《穀梁大义述》仅仅是材料的纂辑（“述”文缺者甚多）。廖平的《穀梁古义疏》是他平生著述最扎实的（有渭南严氏所刻晚年定本），治《穀梁》学者可以参考。

六、孝经

《孝经》，据传是孔子为小他四十六岁的弟子曾参（子舆）而作（《史记·仲尼弟子列传》，又《汉书·艺文志》）。《四库提要》卷三十二指出："今观其文，去二戴所录为近，要为七十子徒之遗书，使河间献王采入一百三十一篇中，则亦《礼记》之一篇，与《儒行》《缁衣》，转从其类。惟其各出别行，称孔子所作，传录者又分章标目，自名一经，后儒遂以不类《系辞》《论语》绳之，亦有由矣。"

《孝经》所讲的"孝"，把"立身行道"统统包括在内；又说："孝始于事亲，中于事君，终于立身。"（皆见《开宗明义章》）这对于封建统治是很有用的。所以"汉制，使天下诵《孝经》"（《后汉书·荀爽传》）。它的影响很大。

《汉书·艺文志》虽有孔子壁中《孝经》，但后世所传孔安国作注的古文本，实是一伪再伪，前人辨之已审（参看《经典释文序录疏证》）。郑玄《孝经注》，晋末以来也有争论。唐刘知几（子玄）曾列十二证以郑注为伪，反推崇伪孔注本；司马贞与之进行了针锋相对的辩驳（见《文苑英华》卷七百六十六）。玄宗降了一道两可的诏书（见《唐会要》卷七十七）。后来玄宗自己为《孝经》作《注》，命元行冲为之作《疏》。到了宋代，邢昺又袭用元《疏》再作，这便是《十三经注疏》中的《孝经》。清末皮锡瑞用严可均辑的《孝经郑注》，作《孝经郑注疏》，在清代的“新疏”中，也是较好的一种。

七、论语

《论语》，据《汉书·艺文志》说，它是“孔子应答弟子时人，及弟子相与言，而接闻于夫子之语也。当时弟子各有所记，夫子既卒，门人相与辑而论纂，故谓之《论语》。”《论语》载孟敬子之谥，敬子卒于鲁悼公之后（鲁悼公卒在前429年），《论语》之成当更在其后（据章炳麟说，见《春秋左氏疑义答问》卷一）。这时距孔子之逝，已经近六十年了。

汉代传《论语》者，有齐、鲁两派。武帝时，又在孔子壁中得古文《论语》（见《汉书·艺文志》）。张禹本受《鲁论》，兼讲齐说，号为《张侯论》，包氏、周氏《章句》出焉（何晏《论语集解序》）。汉末郑玄就《鲁论》校周本，以齐、古正读，凡五十事（何《序》及《论语释文》）。今从《释文》考得郑氏正读者二十四事，又从敦煌所出《论语注》残卷中考得三事，除去重复者一事，凡有二十六事，皆以古正鲁（见王国维《观堂集林》卷四《书论语郑氏注残卷后》）。魏何晏、孙邕、郑冲、曹羲、荀顗等据郑氏本“集诸家之善，记其姓名，有不安者，颇为改易，名曰《论语集解》”（何《序》）。这就是现传《十三经》中的《论语注》。诸家中的孔安国，实是伪托，陈鳣（《论语古训自序》）、沈涛（《论语孔注辨伪》）、丁晏（《论语孔注证伪》）、刘宝楠（《论语集解序疏》）论证得非常清楚。

梁、陈间皇侃就何氏《集解》作《论语义疏》，中土已佚，清中叶复自日本传入，刻入《知不足斋丛书》，因《四库全书》收此书，有删改，《知不足斋丛书》本亦从窜易。日本大正十二年（1923年）武内义雄取旧抄本校正，排印行世，始复皇《疏》原样（见《经典释文序录疏证》附录《论语集解皇疏校理自序》）。《十三经注疏》中的邢昺《疏》，浅陋远不如皇《疏》。清代刘宝楠的《论语正义》，是他和刘文淇、梅植之、包慎言、柳兴恩、陈立相约各治一经，加以疏证的成品（刘恭冕《后序》）。陈立的《公羊义疏》而外，就要算他这部著作了。

汉人很重视《论语》，史传记载一般九到十二岁，即通《孝经》《论语》（有时以《论语》包括《孝经》，总之，无不通《论语》者），《汉官仪》所载博士举状，于五经外必兼《孝经》《论语》，王国维谓此二经相当于中学科目（《观堂集林》卷四《汉魏博士考》）。到南北朝时，仍是这样，颜之推说："自荒乱已来，诸见俘虏，虽百世小人，知读《论语》《孝经》者，尚为人师"（《颜氏家训·勉学》）。《论语》的普遍传习，直到清末。它给历代的政治思想、道德观念、风俗习惯，都有深刻的影响。研究中国历史、文化，必须认真注意。

八、尔雅

《尔雅》，依据郑玄说，是"孔子门人所作，以释六艺之言"（《驳五经异义》，据陈寿祺《五经异义疏证》本）。它的作者，说法分歧，张揖认为周公"著《尔雅》一篇"，"今俗所传三篇《尔雅》，或言仲尼所增，或言子夏所益，或言叔孙通所补，或言沛郡梁文所考"（《上广雅表》）。郭璞的《序》说："《尔雅》者，盖兴于中古，隆于汉氏。"这部书可能不是一时一人所作，最早的作者，或有孔子门人。它的作用为解释经典，这是一致承认的。王充《论衡·是应篇》：“《尔雅》之书，五经之训故。”这与郑玄的说法相同。《大戴礼记·小辨篇》：“尔雅以观于古，足以辨言矣。”《汉书·艺文志》：“古文（指《尚书》的古文）读应尔雅，故解古今语而可知也。”这两处说的“尔雅”，不一定便是今传的《尔雅》一书（或者《尔雅》书名即因此而定），但“尔雅”一辞是训解（即翻译）古今语的一个术语，可以推知。

这部书共有十九篇（《释诂》分上、下篇，所以又析为二十卷），从语言（《释诂》《释言》等）到一切事物（《释亲》到《释畜》等），都包括在内，对今人来说，它不仅是一部训诂书，而且是全面探讨古代社会生活的重要资料，其作用超过了解释经典。

汉人犍为文学、李巡、孙炎等都曾注《尔雅》，而晋郭璞的《尔雅注》，“会粹旧说”，度越前人。因为他既博物，“缀集异闻”，又用了“二九载”（十八年）的工夫（皆见郭氏《序》），所以成就很大。《经典释文》即采用了这个注本。邢昺所作的《疏》，犹有疏陋。清代邵晋涵《尔雅正义》、郝懿行《尔雅义疏》是较好的著述（并有《清经解》本，《经解》中的郝《疏》有删节），从了解古代语言的角度，从博物的角度，都应该读一读。

九、孟子

《孟子》，据《史记，孟子荀卿列传》说，是孟轲与其徒万章等所作。赵岐《孟子题辞》也有同样的说法。章炳麟认为，其书称其弟子“乐正子”“公都子”“屋庐子”，徐辟、陈臻、万章，亦或称“徐子”“陈子”“万子”，师徒相称，不应以“子”尊之，因此断定《孟子》不是孟轲亲作，乃其再传弟子为之（《太炎文录续编》卷一《孟子大事考》）。这种说法，比较符合实际。

《孟子》和《荀子》一样，本都是儒家学派的著作。但据说，它在汉文帝时已曾与《论语》《孝经》《尔雅》同置“传记博士”（《孟子题辞》），后来又受到司马迁（《史记·孟子荀卿列传》）、扬雄（《法言·渊骞》《君子》等篇）、韩愈（《原道》《答张籍书》等篇）、皮日休（《请〈孟子〉为学科书》）等人的推尊，到宋元祐中（1086—1093年）即以《论语》《孟子》试士，当时已尊为经。在这以前，大中祥符间（1008—1016年），孙奭便曾奉诏修《孟子音义》，则尊崇《孟子》，固已久矣（参看《四库提要》卷三十五《孟子音义》后按语）。宋淳熙时（1174—1189年），又将《礼记》

中的《大学》《中庸》二篇与《论语》《孟子》合编为“四书”（参看《四库提要》卷三十五）。“四书”经朱熹作注（《大学章句》《论语集注》《孟子集注》《中庸章句》，原标题及次序如此），从这以后，成为士子必读之书，影响极大。

《孟子》注以后汉赵岐（邠卿）《章句》为最著名（《十三经注疏》中的赵《注》有删削，《四部丛刊》中的影印宋刊本，是今存赵《注》最好的版本）。宋初孙奭等据张镒《孟子音义》、丁公著《孟子手音》及陆善经《孟子注》，为赵《注》作了《音义》（《经典释文》有《老子》《庄子》而无《孟子》）。后来的《孟子疏》托孙奭之名，实是邵武士人所伪作（《朱子语类》卷十九）。伪孙《疏》杂用《琱玉集》等书，妄称《史记》（或作“史说”），殊为庸陋（参看《四库提要辨证》卷二），而《十三经注疏》中却采用了此本。清焦循的《孟子正义》（包括赵岐《章句》）是“新疏”中较早，也较好的一种，读《孟子》可从此入手，并参看朱熹《集注》。

十、附论纬书

纬书托始于图谶。胡应麟曾提到谶与纬有别（《少室山房笔丛》卷三十《四部正讹》上），但并没有谈得透辟。《说文·言部》："谶，验也。有徵验之书，河洛所出书曰谶（此十二字依段《注》本据《文选注》引补）。"谶本是托之于来历神秘的一种预言，有时与图在一起，所以又称为"图谶"。秦汉以来，民间对当时统治的不满和一些愿望，利用了这些图谶，统治者要达到他的野心、企图，利用了这些图谶；儒生说经，也利用了这些图谶。说经利用图谶，因为要比附经书，遂名之为"纬"，有时也称为"纬候"，候是占伺、预兆的意思。利用图谶，造作纬书，大抵出于官家的今文学派。纬书的作用，既把那些儒生的经说涂上神秘色彩，以巩固已取得的官家学派地位，也投合了当时统治政权的需要。纬书的产生似乎可作这样的解释。

纬书据说起于西汉哀平时代（公元前6年—公元5年），而东汉光武皇帝（25—57年）特别喜欢图谶，所以遂得大行（见《文心雕龙·正纬》）。当时的学者桓谭、尹敏、张衡（皆见《后汉书》本传）、王充（《论衡》中反对谶纬的地方不少）及后来的荀悦（《申鉴·俗嫌》）都极力反对。古文学派大都不信纬书。但是，纬书因为官家学派的扶持，势力仍然很大。通儒如郑玄，他的经说混合古今，即采用了一些纬书的说法，他自己还为纬书作过注。

纬书在隋以后即渐亡佚，今已无存者（只剩下一些佚文）。《后汉书·方术·樊英传》：“河洛七纬。”李贤注：“七纬者，《易》纬《稽览图》《乾凿度》《坤凿度》（二“度”字原误作“图”）、《通卦验》《是类谋》《辨终备》也；《书》纬《璇玑钤》《考灵耀》《刑德放》《帝令验》《运期授》也；《诗》纬《推度灾》《记历枢》《含神雾》也；《礼》纬《含文嘉》《稽命徵》《斗威仪》也；《乐》纬《动声仪》《稽耀嘉》《计图徵》也；《孝经》纬《援神契》《钩命决》也；《春秋》纬《演孔图》《元命包》《文耀钩》《运斗枢》《感精符》《合诚图》《考异邮》《保乾图》《汉含孳》《佑助期》《握诚图》《潜谭巴》《说题辞》。”李贤所举的纬书三十五种，大概是唐时还可见到的。到明代孙瑴辑纬书佚文为《古微书》（有《守山阁丛书》本），共计九十六种。清代马国翰《玉函山房辑佚书》，在“纬书类”中辑了四十七种（赵在翰辑《七纬》，有嘉庆刊本）。上面这些辑本，日人中村璋八合为《纬书集成》（有增补），颇便检阅。纬书的情况，略如上述。

纬书塞满了神秘、甚至是迷信的内容，究竟有没有价值呢？刘勰是不信纬书的，在《文心雕龙·正纬》中，曾用“虚伪”“深瑕”“僻谬”“诡诞”等词语来指斥纬书，但他又说：“事丰奇伟，辞富膏腴，无益经典，而有助文章。”李善的《文选注》引用了不少纬书，可以说明这一点，汉魏六朝人的文学作品是大大使用了纬书的语言材料的。纬书的作用，还不止此，刘师培的《谶纬论》曾列“补史”“考地”“测天”“考文”“徵礼”五善来评价它的积极方面，说：“足助博物之功，辅多闻之阙，殷周绝学，赖此可窥。”对于纬书也不能粗暴地抹杀。

纬书起于前、后汉之际，也有它的历史原因。除了投合统治政权需要外，当时今文家讲“通经致用”，也很想用阴阳五行之说，了解、说明天地自然、古今变革的现象。于是在大量的纬书中反映了他们凭附想象、幻想去解释社会、自然现象的假说。这些不切实际的假说，促使了它的反对派（即具有唯物主义精神的学者）认真探讨，深入实际。所以东汉时代出现了许多在科技上有贡献的学者，研究浑天、地动的张衡，把医学推向一个高峰的华佗、张机（仲景），就是这些学者的代表。他们的出现，恰恰在这个历史阶段，是否可以与纬书的盛行连在一起考虑。

通说

一、经的数目

从“五经”到“十三经”，顾炎武曾有一个概括的说明，他说：

> 自汉以来，儒者相传，但言“五经”。而唐时立之学官，则云“九经”者，“三礼”“三传”，分而习之，故为“九经”。其刻石国子学，则云“九经并《孝经》《论语》《尔雅》”。宋时朱、程诸大儒出，始取《礼记》中之《大学》《中庸》，及进《孟子》以配《论语》，谓之“四书”。本朝（指明朝）因之，而“十三经”之名始立。

这里所说的“五经”“九经”“十三经”诸称号，都是众所公认的。至于刘敞的《七经小传》，所指的“七经”是《尚书》《毛诗》《周礼》《仪礼》《礼记》《公羊传》《论语》（日人山井鼎的《七经并孟子考文》，所指的“七经”为“五经”加《孝经》《论语》，即与刘氏不同）；岳珂的《九经三传沿革例》，所指的“九经”是《易》《书》《诗》《周礼》《仪礼》《礼记》《左传》《孝经》《论语》，又加上《公羊》《穀梁》，实际是十一部；这些都是随所编刊，自立名号，这类例子，可以置而不论。

“十三经”的范围是还可以扩大的。段玉裁曾主张把《大戴礼记》《国语》《史记》《汉书》《通鉴》《说文解字》《九章算术》《周髀算经》八书加入“十三经”，遂可成“二十一经”（《经韵楼集》卷九《十经斋记》）。黎庶昌又谓“十三经”之外，可增加《庄子》（次《孟子》），《楚辞》《文选》《杜诗》《韩文》（以上次《毛诗》），《史记》《汉书》（以上次《尚书》），《通鉴》（次《左传》）、《通典》《文献通考》（以上次“三礼”），《说文》（次《尔雅》），各降一等，名曰“亚经”，则共有“二十四经”（见夏寅官《黎庶昌传》，载《碑传集补》卷十九）。这些扩大“经”的范围的议论，是可以考虑的。

唐代试士，曾把“经”分为“大”“中”“小”三类：《礼记》《左传》为“大经”，《诗》《周礼》《仪礼》为“中经”，《易》《尚书》《公羊传》《穀梁传》为“小经”（《新唐书·选举志》）。《孝经》《论语》《尔雅》属于初学必读，未列入试科（《孟子》当时还没有认为是“经”）。宋人郑耕老曾取“六经”及《论语》《孟子》《孝经》统计其字数，计《毛诗》三万九千二百二十四字，《尚书》二万五千七百字，《周礼》四万五千八百六字，《礼记》九万九千二十字，《周易》二万四千二百七字，《春秋左氏传》一十九万六千八百四十五字，《论语》一万二千七百字，《孟子》三万四千六百八十五字，《孝经》一千九百三字。大小“九经”，合四十八万九十字（《宋元学案》卷四引《读书说》）。他这个统计根据的什么本子并不清楚，字数的差异总是不会很大的。“经”的分量不大，可是研究它、注解它的著述，却在古代图籍分类的“四部”中独立成为一部了。

二、经的传刻

经书的传刻很早，没有木版以前，便刻上石碑，称为“石经”。“石经”以后汉熹平四年（175年）在洛阳刻石的《周易》《尚书》《鲁诗》《仪礼》《春秋》《公羊》《论语》为最古，号为“熹平石经”，因为它只有隶书一种字体，所以又号“一字石经”。其次则是魏正始中（240—248年）在洛阳刻石的《尚书》《春秋左传》二经，因为它是古文、小篆、隶书三种字体写的，所以叫作“三体石经”。这两种“石经”都已不存在了，它的遗文，载在《隶释》《隶续》诸书中；后来也有些残石出土，而“三体石经”出土的残石很多，章炳麟曾据以写《新出三体石经考》（在《章氏丛书续编》中）。唐开成二年（837年）所立的“九经并《孝经》《论语》《尔雅》”，则其石今犹在西安碑林，称作“唐石经”或“开成石经”。后来后蜀孟昶广政七年（944年）刻《周易》《尚书》《周礼》《仪礼》《礼记》《毛诗》《左传》《孝经》《论语》《尔雅》十经在成都，宋田况、席益、晁公武递有修补，号为“蜀石经”，碑已早亡，但有出土残石。北宋嘉祐时（1056—1063年）曾以篆书、真书二体写“九经”刻石，号为“二体石经”；南宋绍兴中（1131—1162年）宋高宗又自书“六经”刻石。这两种“石经”，也已不复存在。清代乾嘉时候也曾刻“石经”。“石经”在已有版刻书籍以后，价值就不高了（关于石经，可参看向宗鲁先生《校雠学·择本上》）。

经书的版刻，也是古代官府木刻书的最早一批，后唐长兴三年（932年）即已由田敏等奏准校刊雕印“九经”（《册府元龟》卷六〇八）。宋代单刻经注的情况，可以参看岳珂的《相台书塾刊正九经三传沿革例》（湖北崇文书局刻本）。岳氏刻的“相台本九经三传”（实十一种，即“十三经”中无《尔雅》《孟子》，说已见上），不仅文字校勘精审，而且正文、注文的句读圈点都极为讲究，是群经单注本的精品。颜之推对于经学提出“明练经文，粗通注义”的要求（见《颜氏家训·勉学篇》），读“相台本”这样的群经单注，确是治经的入门之路。

六朝人讲说经注，出现“义疏”这种形式，或又称作“疏义”，唐人作“五经正义”，即是“义疏”，标题“正”字，以其为奉敕之作，试士所遵循者也。贾（公彦）、徐（彦）、杨（士勋）及北宋邢（昺）、孙（伪孙奭）的著作，都只称“疏”，又自称为“释”“解”等。义疏本自单行，习惯称为“单疏”。今“单疏”尚存者，如《周易正义》（有江安傅氏影宋本），《尚书正义》（有《四部丛刊三编》景抄本及宋本）、《毛诗正义》（刘氏嘉业堂刊本）、《仪礼疏》（有《四部丛刊续编》景汪刻本）、《礼记正义》（残卷，有《四部丛刊三编》景抄本及宋本）、《左传正义》（有《四部丛刊续编》景抄本）、《公羊疏》（《续古逸丛书》景残宋本）、《尔雅疏》（《续古逸丛书》《四部丛刊续编》景宋本）等，略可窥见唐、宋人原著面貌。南宋绍熙中（约1192年），书坊为了阅读者的省事，遂将经注及疏、释文合并在一起，称为“三合本”或“注疏本”。于是有“似便而易惑”（段玉裁语，见《经韵楼集·与诸同志书论校书之难》）的读本出现。“三合本”的最早刻本为八行本，后来又有比八行本更混乱的十行本。阮元校刻的《十三经注疏》所据为一种较晚印行的十行本，所以并不是好本子（关于“注疏本”的出现及阮氏刻本的优劣，详见向宗鲁先生《周易疏校后记》，载《中国历史文献研究集刊》第三集）。注疏的校理，是一件比较复杂的工作，段玉裁曾提出“以贾还贾，以孔还孔，以陆还陆，以杜还杜，以郑还郑，各得其底本，而后判其义理之是非”（《与诸同志书论校书之难》）的原则，是比较科学的。

三、经学流派

经学在古代主要分汉、宋两派，而汉学又分为今文、古文两个学派。

汉代的今、古文学派，原出于传习经典的今（隶书）、古（篆书）字体不同，后来遂致说法大异。两汉立于学官的都是今文学派，西汉宣帝时有《易》施、孟、梁丘三家，《书》欧阳、大小夏侯三家，《诗》齐、鲁、韩三家。《礼》后氏一家，《春秋》公羊、穀梁二家，凡十二博士（用王国维说，见《观堂集林》卷四《汉魏博士考》）；东汉光武时有《易》施、孟、梁丘、京四家，《书》欧阳、大小夏侯三家，《诗》齐、鲁、韩三家，《礼》大小戴二家，《春秋》公羊的严、颜二家，凡十四博士（见《续汉书·百官志》，又《后汉书·儒林传序》误衍“毛”字），统统是今文家。古文学派在民间流传，许多有“实事求是”精神的学者（“实事求是”一语，即出于《汉书·河间献王传》，河间献王很推重古文派的学者），都治古文。后汉末古文的势力逐渐大了起来，郑玄治经即兼今、古文，而侧重古文。到了魏代，《易》费氏、《古文尚书》、《诗》毛氏、《周礼》、《左氏春秋》都得立于学官，这些古文家的经说，形成了战胜今文学派的趋势（见王国维《汉魏博士考》、章炳麟《汉学论下》）。六朝“义疏”之学基本上是沿着这种趋势流衍下去的。

中唐以后，对于汉魏以来的正统经学逐渐有人怀疑。到了宋代，更是出现了大批吸收禅宗学说改造儒学的所谓“理学”（“道学”）家，他们讲经，极力摆脱汉、魏以来注疏的束缚，于是有所谓“宋学”。朱熹是“宋学”的大师，但他对于注疏，用力很深，而又不为其所限制，成就是不能抹杀的。《纯常子枝语》卷十四谓朱子特重注疏，故道问学之功，非濂洛之所能及。

宋学在元明时代像前后汉的今文学派一样，成为了官方学派。明修《四书五经大全》，清修《折中》《述义》一类官书，都是抄袭宋元诸儒著作，影响极为恶劣，顾炎武曾说，《大全》的修纂，“颁餐钱，给笔札，书成之日，赐金迁秩，所费于国家者不知凡几”。而这些修纂者“仅取已成之书，抄誊一过，上欺朝廷，下诳士子”（《日知录》卷十八《四书五经大全》）。这是对于明修《大全》的评论，同样可移来评论清代那些书。

清儒的学风，主要是推崇汉学。乾嘉诸儒从小学入手，在文字声韵、名物训诂方面下功夫。道光、咸丰以后，渐有今、古文派的旧影出现，清末，今文学派颇盛行一时。辛亥革命时期古文派的势力有所抬头，而且也注意了魏晋讫六朝的经学成就。章炳麟曾说，清儒“根柢皆在注疏”，这种说法，“十得六七”。“清儒所失，在牵于汉学名义，而忘魏晋干蛊之功’（《汉学论下》）。可以作为这派学者意见的代表。

汉、宋两派，都主张实事求是，不妄议论。司马光说：“新进后生，口传耳剽，读《易》未识卦爻，已谓‘十翼’非孔子之言；读《礼》未知篇数，已谓《周官》为战国之书；读《诗》未尽《周南》《召南》，已谓《毛传》为章句之学；读《春秋》未知十二公，已谓‘三传’可束之高阁。”朱熹说：“近日学者，病在好高。《论语》未问‘学而时习’，便说‘一贯’；《孟子》未言‘梁惠王问利’，便说‘尽心’；《易》未看六十四卦，便读《系辞》；此皆躐等之病。”（《困学纪闻》卷八）这是宋儒的话，他们并没有提倡浮说空论。这不仅是治经的原则，也是治学的正途。

四、经与文学

孔子弟子分为“德行”“言语”“政事”“文学”四种，子游（言偃）、子夏（卜商）便是文学科的代表（《论语·先进》）。据皇侃《义疏》引范宁说：“文学，谓善先王典文。”那时候的“先王典文”就是经典，按照孔子的分科，文学也即经学。

后代的文论，也把文学和经学的关系看作头等大事，《文心雕龙》列在最前面的四篇：《原道》《徵圣》《宗经》《正纬》，都是讲经学与文学关系的。《宗经篇》说：

> 故论说辞序，则《易》统其首；诏策章奏，则《书》发其源；赋颂歌赞，则《诗》立其本；铭诔箴祝，则《礼》统其端，纪传铭檄，则《春秋》为根：并穷高以树表，极远以启疆，所以百家腾跃，终入环内者也。

《颜氏家训·文章篇》也说：

> 夫文章者，原出“五经”：诏命策檄，生于《书》者也；序述论议，生于《易》者也；歌咏赋颂，生于《诗》者也；祭祀哀诔，生于《礼》者也；书奏箴铭，生于《春秋》者也。

他们把后代文章各体牵附经书，虽不免有些勉强，但文学与经学有关，这一命题，总是有道理的。唐代的一部巨大总集《文馆词林》，今其残存的第三百四十六卷“颂”类，即选入了《诗经》的《周颂·时迈》（杨守敬刻本、《适园丛书》翻杨本）。这就远在杂抄经史百家的曾国藩所说的村塾古文选《左传》（见《经史百家杂抄序》）之前了。

从文学的角度研究经书，除了各种样式的文学作品的继承发展关系以外，还有文学艺术理论的渊源影响。研究中国古代文学，是离不开对于经学的探讨的。

经话新编

小序

近世经今文学大师廖季平（平）先生，曾作《经话》。在他丙戌年（1886年）编成的《今古学考》卷下，取《经话》中论今古学者凡百一十条，畅论今文、古文两个经学流派的区分。章炳麟《清故龙安府学教授廖君墓志铭》所指的“康氏所受于君者”的“第二变”，盖即此书（《廖君墓志铭》，见《太炎文录续编》卷五下）。用《经话》这种形式说经，灵动活跃，颇不沉闷。我认为很符合深入浅出的学术著述写作原则。诗学有“诗话”，词学有“词话”，曲学有“曲话”，难道经学就可以不写“经话”了吗？这种形式，清初阎若璩的《四书释地》《尚书古文疏证》，顾栋高的《春秋大事表》已颇为采用。乾嘉大儒治学态度严肃庄重，于阎、顾诸君写作形式，颇致不满，然而他们那种过于板滞的论著，却不大能引起更多读者的兴趣。要把说经通俗化，我认为“经话”这种形式是可承用、推广的，因此作《经话新编》，凡二十七条。与廖氏之作形式颇近，而宗旨不同，故曰《新编》云尔。辛未末春，蘧翁记。

一、庄子论儒经

《庄子·天下篇》说：

> 其在于《诗》《书》《礼》《乐》者，邹鲁之士、搢绅先生多能明之：《诗》以道志，《书》以道事，《礼》以道行，《乐》以道和，《易》以道阴阳，《春秋》以道名分。其数散于天下，而设于中国者，百家之学，时或称而道之。

这是关于经学的最早记载。没有提到孔子，但是“邹鲁之士、搢绅先生”云云，显然指的孔子和孔氏门徒。“百家之学，时或称而道之”，“邹鲁之士、搢绅先生多能明之”：经学和孔氏儒学、百家之学的重轻关系，已经讲得很清楚了。没有孔子便没有群经；没有孔氏门徒便没有经学：从《庄子》这段记载，是可以得出这样的结论的。

《庄子·天道篇》又说：

> 孔子西藏书于周室，子路谋曰：由闻周之征藏史有老聃者，免而归居，夫子欲藏书，则试往因焉。孔于曰：善！往见老聃，而老聃不许，于是繙十二经以说。老聃中其说，曰：大谩！愿闻其要。孔子曰：要在仁义。

《庄子》多寓言，这一段记载不一定全是真实的。但这当中可以明显地看到孔子对他所撰述的经书是十分珍惜的。此文上面说“藏书”，下面说“繙十二经”，可知孔子所欲藏的“书”便是“经”。“十二经”有种种讲法，《释文》即有“六经六纬”“《易》上下经及《十翼》”“《春秋》十二公”三种不同的说法。其实“十二”应该是个虚数，“十二经”即指群经。藏于周室，即欲传诸其人的意思。老聃听了孔子说经，批评了两个字：“大谩！”大即“太”字，谩是曼的借字，《诗·閟宫》“孔曼且硕”，《毛传》：“曼，长也。”“大谩”就是嫌“十二经”太冗长了，所以说：“愿闻其要。”司马谈《论六家要指》说：“儒者博而寡要”（见《史记·太史公自序》），便是采用了老聃对儒经的这样批评。

研究经学，《庄子》中的这两条，是最早的材料，也是最好的材料了。

二、经学是汉初儒生禄利之路

《庄子》批评孔子的《十二经》“大谩”，司马谈说儒者“博而寡要，劳而少功”，确是中肯之言。《汉书·艺文志》说：“古之学者耕而养，三年而通一艺，存其大体，玩经文而已。是故用日少而畜德多，三十而五经立也。后世经传既已乖离，博学者不思多闻阙疑之义，而务碎义逃难，便辞巧说，破坏形体。说五字之文，至于二三万言。后进弥以驰逐，故幼童而守一义，白首而后能言。安其所习，毁所不见，终以自蔽，此学者之大患也。”这种“学者之大患”，尽管从先秦两汉以来不断有人指出，但是经学的出现，就与烦琐这种弊端分不开。《汉书·儒林传》赞曰：“自武帝立五经博士，开弟子员设科射策，劝以官禄。讫于元始，百有余年（前140—前1年），传业者浸盛，支叶蕃滋。一经说至百余万言，大师众至千余人，盖禄利之路然也。”这就点明了烦琐弊端的原因。《汉志注》引桓谭《新论》：“秦近君能说《尧典》，篇目两字之说至十余万言，但说‘曰若稽古’三万言。”（《全后汉文》卷十四辑此入《正经第九》）这是有名的烦琐说经的例子。《文心雕龙·论说》曾提到这个例子，并说：“所以通人恶烦，羞学章句。”

经学成了“禄利之路”，除了“分文析字，烦言碎辞”之外，还习惯于“信口说而背传记，是末师而非往古”，“保残守缺，挟恐见破之私意，而无从善服义之公言”，刘歆欲立《左氏春秋》，遭到五经博士的拒绝，曾移书太常博士，深切地揭发了当时的学弊（见《汉书·楚元王交传》，又《文选》卷四十三）。武帝建元之间（前140年左右），官方博士“一人不能独尽其经，或为《雅》，或为《颂》，相合而成”。“保残守缺”到了这样的地步。刘歆指斥当时的学风是“专己守残”，“党同门，妒道真”，确是无可置辩的真实。

“禄利之路”又导致了“曲学阿世”的坏学风。《汉书·儒林传》载，齐人辕固生是《韩诗》博士。景帝时，窦太后好《老子书》，“召问固，固曰：此家人言耳！（意思是说它平庸，谈不上有什么学术价值。）太后怒曰：安得司空城旦书乎？（司空城旦书，指刑律之书，意思说，它比刑律条文总要好点，这是针对辕固鄙视《老子》而讲的。）乃使固入圈击彘。上（指景帝）知太后怒，而固直言无罪，乃假固利兵（指锐利的武器），下圈（圈字依王念孙说订正）刺彘，正中其心，彘应手而倒。太后默然，亡（即无字）以复罪。上以固廉直，拜为清河太傅。疾免。武帝初即位，复以贤良征。诸儒多嫉毁。曰：固老。罢归之。时固已九十余矣。公孙弘亦征，仄目而事固（仄目，意思是说有些怕他）。固曰：公孙子务正学以言，无曲学以阿世！”辕固这句话，正抓住公孙弘热衷于“禄利之路”的特征。公孙弘“每朝会议，开陈其端，使人主自择，不肯面折庭争”，“习文法吏事”，“缘饰以儒术”。他是一个典型的“曲学阿世”者。在汉武帝时代，成了一个官运亨通、封侯拜相的儒臣。他和汲黯约定要面奏武帝的事，到了武帝面前，“皆背其约”。他的“奉禄甚多”，却又故为俭约，特制布被。这些诈行，都为了讨好主子。一切被汲黯所揭发。《汉书》的《公孙弘卜式儿宽传》里，写得颇为详备。辕固生和公孙弘的故事，是经学史上值得借鉴的史实，也很有启发性。

三、曲学阿世是经学的邪路

《文心雕龙·论说篇》说：“通人恶烦，羞学章句。”这种说法，从王充以来，便已如此。《论衡·超奇篇》说：

通书千篇以上，万卷以下，弘畅雅闲，审定文读，而以教授为人师者，通人也。杼其义旨，损益其文句，而以上书奏记，或兴论立说，结连篇章者，文人、鸿儒也。好学勤力，博闻强识，世间多有；著书表文，论说古今，万不耐一。

又说：

故夫能说一经者为儒生；博览古今者为通人；采掇传书，以上书奏记者为文人；能精思著文，连结篇章者为鸿儒。故儒生过俗人，通人胜儒生，文人逾通人，鸿儒超文人。故夫鸿儒，所谓超而又超者也。以超之奇，退与儒生相料，文轩之比于敝车，锦绣之方于缊袍也。其相过远矣。如与俗人相料，太山之颠墆，长狄之项跖，不足以喻。故夫丘山以土石为体，其有铜铁，山之奇也；铜铁既奇，或出金玉。然鸿儒，世之金玉也，奇而又奇矣。

六朝的义疏之学，多出于“禄利之路”为通人所羞的章句儒生。《颜氏家训·勉学篇》说：

学之兴废，随世轻重。汉时贤俊，皆以一经弘圣人之道。……末俗已来不复尔，空守章句，但诵师言，施之世务，殆无一可。故士大夫子弟，皆以博涉为贵，不肯专儒。梁朝皇孙以下，总丱之年，必先入学，观其志尚，出身以后，便从文史，略无卒业者。冠冕为此者，则有何胤、刘瓛、明山宾、周舍、朱异、周弘正、贺琛、贺革、萧子政、刘绍等，兼通文史，不徒讲说也。洛阳亦闻崔浩、张伟、刘芳，邺下又见邢子才，此四儒者，虽好经术，亦以才博擅名。如此诸贤，故为上品，以外率多田野间人，音辞鄙陋，风操蚩拙，相与专固，无所堪能，问一言辄酬数百，责其指归，或无要会。邺下谚云：博士买驴，书券三纸，未有驴字。使汝以此为师，令人气塞。孔子曰："学也，禄在其中矣。"今勤无益之事，恐非业也。夫圣人之书，所以设教，但明练经文，粗通注义，常使言行有得，亦足为人。何必《仲尼居》即须两纸疏义？燕寝讲堂，亦复何在？以此得胜，宁有益乎？光阴可惜，譬诸逝水。当博览机要，以济功业；必能兼美，吾无间焉。

这一段文字，便是"通人恶烦，羞学章句"的氛围的叙写。

到了明代，什么“心学”“性理之学”为官方所提倡，又成了“禄利之路”，充塞了经学。顾炎武《与友人论学书》说：

比往来南北，颇承友朋推一日之长，问道于盲。窃叹夫百余年以来之为学者，往往言心言性，而茫乎不得其解也！命与仁，夫子之所罕言也；性与天道，子贡之所未得闻也。性命之理，著之《易传》，未尝数以语人。其答问士也，则曰：行己有耻。其为学，则曰：好古敏求。其与弟子言，举尧舜相传所谓危微精一之说，一切不道，而但曰：允执其中，四海困穷，天禄永终。呜呼！圣人之所以为学者，何其平易而可循也！故曰：下学而上达。颜子之几乎圣也，犹曰：博我以文。其告哀公也，明善之功，先之以博学。自曾子而下，笃实无若子夏，而其言仁也，则曰：博学而笃志，切问而近思。今之君子则不然，聚宾客门人之学者数十百人，譬诸草木，区以别矣，而一皆与之言心言性，舍多学而识，以求一贯之方；置四海之困穷不言，而终日讲危微精一之说。是必其道之高于夫子，而其门弟子之贤于子贡，祧东鲁而直接二帝之心传者也！我弗敢知也！《孟子》一书，言心言性，亦谆谆矣，乃至万章、公孙丑、陈代、陈臻、周霄、彭更之所问，与孟子之所答者，常在乎出处去就、辞受取与之间，以伊尹之元圣，尧舜其君、其民之盛德大功，而其本乃在乎千驷、一介之不视、不取；伯夷、伊尹之不同于孔子也，而其同者，则以行一不义、杀一不辜而得天下不为。是故性也、命也、天也，夫子之所罕言，而今之君子之所恒言也。出处去就、辞受取与之辨，孔子、孟子之所恒言，而今之君子所罕言也。谓忠与清之未至于仁，而不知不忠与清而可以言仁者，未之有也！谓不忮不求之不足以尽道，而不知终身于忮且求而可以言道者，未之有也！我弗敢知也！愚所谓圣人之道者如之何？曰：博学于文。曰：行己有耻。自一身以至于天下国家，皆学之事也。自子臣弟友以至于出入往来辞受取与之间，皆有耻之事也。耻之于人大矣！不耻恶衣恶食，而耻匹夫匹妇之不被其泽。故曰：万物皆备于我矣，反身而诚。呜呼！士而不先言耻，则为无本之人；非好古而多闻，则为空虚之学。以无本之人，而讲空虚之学，吾见其日从事于圣人，而去之弥远也！虽然，非愚之所敢言也，且以区区之见，私诸同志，而求起予。（《亭林文集》卷三）

顾炎武的这段话，和前面颜之推所言，都是对“曲学阿世”的坏学风所下的箴砭。“曲学阿世”的表现不同，甚至于在不同的世风之下，往往各走极端，都是经学史上宜引以为诫的历史教训。

《汉书·艺文志》说：

> 儒家者流……游文于《六经》之中，留意于仁义之际，祖述尧舜，宪章文武，宗师仲尼，以重其言，于道为最高……然惑者既失精微，而辟者又随时抑扬，违离道本，苟以哗众取宠。后进循之，是以《五经》乖析，儒学浸衰；此辟儒之患。

颜、顾所针砭的便是“辟儒之患”。《汉书·景十三王传》说，河间献王德“修学好古，实事求是。从民得善书，必为好写与之，留其真。加金帛赐以招之，由是四方道术之人，不远千里，或有先祖旧书，多奉以奏献王者，故得书多，与汉朝等”。毛泽东同志《改造我们的学习》概括“主观主义的态度”是“无实事求是之意，有哗众取宠之心”；而“马克思列宁主义的态度”则是“有实事求是之意，无哗众取宠之心”。“实事求是”和“哗众取宠”这两个成语，都出现在经学史上，总结经学上的历史经验，对于端正我们的学风，确是有用啊！

四、群经次第

《经典释文叙录》有《次第》一条云："五经六籍，圣人设教。训诱机要，宁有短长？然时有浇淳，随病投药，不相沿袭，岂无先后？所以次第互有不同。如《礼记·经解》之说，以《诗》为首（《经解》的次第是《诗》《书》《乐》《易》《礼》《春秋》）；《七略·艺文志》[①]所记，用《易》居前（《汉书·艺文志》本之《七略》，其次第是《易》《书》《诗》《礼》《乐》《春秋》《论语》《孝经》《小学》）。阮孝绪《七录》，亦同此次；而王俭《七志》，《孝经》为初。原其后先，义各有旨。今欲以著述早晚，经义总别，以成次第。"《经典释文》的次第是《周易》《古文尚书》《毛诗》《三礼》《春秋》《孝经》《论语》《老子》《庄子》《尔雅》。后代相沿，大抵以此为著录先后。

至于诵读，则宋代以后，一般是先《四书》后《五经》。《四书》按照朱注次第是《大学》《论语》《孟

① 应指《七略·六艺略》。——编注

子》《中庸》；而一般教学，则是《大学》《中庸》居首，然后是《论语》《孟子》。《五经》则是《诗》《书》《易》《礼记》《春秋左氏传》。过去的书馆、村塾，莫不如是。

张之洞《輶轩语》的《治经宜有次第》一条提出：

> 欲用注疏工夫，先看《毛诗》，次及《三礼》，再及他经。盖《诗》《礼》两端，最切人事，义理较他经为显，训诂较他经为详，其中名物，学者能达与否，较然易见。且四经皆是郑君元注，完全无阙。《诗》则《毛传》粹然为西汉经师遗文，更不易得。欲通古训，尤在于兹。《礼》之条目颇多，卷帙亦钜，初学畏难。《诗》义该比兴，兼得开发性灵。《郑笺》多及礼制。此经既通，其于《礼》学寻途探求，自不能已。《诗》《礼》兼明，他经方可着手。《书》道政事，《春秋》道名分，典礼既行，然后政事名分可得而言也。《易》道深微，语简文古。训诂礼制，在他经为精，在《易》为粗。所谓至精，乃在阴阳变化消息。然非得其粗者，无由遇其精者。总之，《诗》《礼》可解，《尚书》之文、《春秋》之义不能尽解；《周易》则通儒毕生探索，终是解者少而不解者多。故治经次第，自近及远，由显

通微，如此为便，较有实获。

这是从古到近，由浅入深，两条不同的经学次第途径。学者应有明确的认识，清晰的观念。

五、《周易》难学

《周易》列群经之首，但实是不易读懂的一部书。颜之推谓梁世崇尚玄虚之学：

《庄》《老》《周易》，总谓《三玄》。武皇、简文，躬自讲论。周弘正奉赞大猷，化行都邑，学徒千余，实为盛美。元帝在江、荆间，复所爱习，召置学生，亲为教授，废寝忘食，以夜继朝。至乃倦剧愁愤，辄以讲自释。吾时颇预末筵，亲承音旨。性既顽鲁，亦所不好云。

《朱子语类》卷一〇四说：

先生（指朱熹）因与朋友言及《易》，曰：《易》非学者之急务也。某平生也费了些精神理会《易》与《诗》，然其力未若《语》《孟》之多也。《易》与《诗》中所得，似鸡肋焉。

张之洞说：

《周易》统贯天人，成于四圣（指伏羲、神农、文王、孔子），理须后圣方能洞晓。后代诸家，皆止各随所得，无一人能为的解定论，势使然也。且阴阳无形，即使缪称妄说，无人能质其非。所以通者虽少，而注者最多，所谓画狗马难于画神鬼之比也。

又说：

蜀士好谈《易》，动辄著书，大不可也！切宜戒之！（《辅轩语·治经宜有次第》注）

这些都是对于《易》学的纠缪箴言。

张之洞特别谈到“蜀士好谈《易》，动辄著书”，当时是有所指的。其在晋代，即有蜀才注《易》（见《颜氏家训·书证篇》，蜀才即范长生）。《经典释文》亦见称引。唐李鼎祚《周易集解》“历观炎汉，迄今巨唐，采群贤之遗言，议三圣之幽赜，集虞翻、荀爽三十余家”（李氏自序），清儒之治汉《易》者，视为武库，李道平至为之《纂疏》，这能说“蜀士好《易》著书”不对吗？及至清代末期，蜀中解《易》之书，确是不少。但两《经解》中没有一部蜀人著作。谈《易》的末流竟与会道门合流。迄今迷信摊肆上，犹有标《易》以卖卜者，这真是经学史上的耻辱！特书张氏之言，以为蜀士戒！

六、学《易》宜走王弼讲哲理的路子

《周易》本是古人占卜之书，其以卦、爻辞组成的上下经，可能周初即已定型。卦、爻辞里既是占筮之语，也用了些反映古代生活及社会现象的谣谚。汉儒解释此经的“卦气”“消息”“爻辰”“升降”“纳甲”“八宫”“世月”诸说，与图谶合流，实甚神秘。尽管惠栋、张惠言诸人被称为清代《易》学大师，不过是拾汉儒神秘之余，与宋代方士《易》图之说，谈不上谁高谁下。唯王弼注《易》，从矛盾统一的原则出发，才把《易》学引向哲理的正途。《易略例·明象》说：

> 夫象者何也？统论一卦之体，明其所由之主者也。夫众

不能治众，治众者至寡者也；夫动不能制动，制天下之动者贞夫一者也。故众之所以得咸存者，主必致一也；动之所以得咸运者，原必无二也。物无妄然，必由其理。统之有宗，会之有元。故烦而不乱，众而不惑。故六爻相错，可举一以明也；刚柔相乘，可立主以定也。是故杂物撰德，辩是与非，则非其中爻，莫之备矣。故自统而寻之，物虽众，则知可以执一御也；由本以观之，义虽博，则知可以一名举也。故处璇玑以观大运，则天地之动，未足怪也；据会要以观方来，则六合辐凑，未足多也。故举卦之名，义有主矣；观其彖辞，则思过半矣。

这是讲的统一的道理。《明爻通变》说：

夫爻者何也？言乎变者也。变者何也？情伪之所为也。夫情伪之动，非数之所求也。故合散屈伸，与体相乖。形躁好静，质柔爱刚。体与情反，质与愿违。巧历不能定其算数，圣明不能为之典要。法制所不能齐，度量所不能均也。为之乎，岂在夫大哉！陵三军者，或惧于朝廷之仪；暴威武者，或困于酒色之娱。近不必比，远不必乖。同声相应，高下不必均也；同气相求，体质不必齐也。召云者龙，命吕者律。故二女相违，而刚柔合体；隆墀永叹，远壑必盈。投戈散地，则六亲不能相保；同舟而济，则胡越何患乎异心？故苟识其情，不忧乖远；苟明其趣，不烦强武。能说诸心，能研诸虑。睽而知其类，异而知其通，其唯明爻者乎？

这是讲矛盾的作用。这些都包含着可贵的辩证法的因素。章炳麟《菿汉微言》说：

癸甲之际，厄于龙泉，始玩爻象，重籀《论语》。明作《易》之忧患，在于生生。生道济生，而生终不可济。饮食兴讼，旋复无穷。故唯文王为知忧患，唯孔子为知文王。

他对于《周易》的理解，或也可为治《易》学的启发。

七、汲冢《易》

《晋书·束皙传》：“太康二年，汲郡人不准盗发魏襄王墓，或言安釐王冢，得竹书数十车。”其中有《易经》二篇，与《周易》上下经同。”朱希祖《汲冢书考》谓其出书之年，当依《武帝纪》系在咸宁五年（279年），太康二年（281

年）始命束皙等校理。又云："考汉代虽有古文《易经》，未尝知其由何而来。此汲冢所出之《易经》，当时学者盛讲三玄之学，何无人一校其异同，而竟任其荡灭？惜哉！"

八、汲冢《周书》

汲冢所出古文竹书，有《周书》，《束皙传》列在《杂书》十九篇中。《周书》与现存《尚书》的关系如何，朱希祖《汲冢书考》中，也作了详细的论述。他说：

> 晋时《周书》，盖有二本：一为汉以来所传今隶本，一为汲冢所出古文本，当无疑义。《隋书·经籍志》仅载《汲冢周书》十卷，不载孔晁注本；《唐书·经籍志》仅载孔晁注《周书》八卷，不载《汲冢周书》十卷：盖皆互有遗漏。唯《唐书·艺文志》既载《汲冢周书》十卷，又载孔晁注《周书》八卷，盖汲冢十卷为无注本，孔晁注本唐时已有缺篇，故并载焉。颜师古《汉书·艺文志》《周书》注云："今存者四十五篇"，盖指孔晁注本言也。刘知几《史通·六家篇》云："又有《周书》者，凡为七十一章，上自文、武，下终灵、景。"不言有缺，盖所见为汲冢十卷本。是唐

时尚二本并传也。汲冢本无注而十卷，孔晁本有注卷数反少，而仅有八卷。知八卷即师古所见之孔注四十五篇也。师古以后，孔注又亡三篇。自宋以来，盖以汲冢本补孔晁注本，而去其重复，故孔注仅有四十二篇，而无注者十七篇，及序一篇，合成今本六十篇，仍题曰《汲冢周书》。其所亡十一篇汲冢原本或有或无，已不可知。今《四部丛刊》影印明嘉靖繙宋嘉定丁黼本即如此。由此言之，今本《周书》孔晁注四十二篇，其为汉以来所传旧本，抑为汲冢本，尚待深考。其无注之十七篇及序一篇，幸赖汲冢《周书》以传，此为不可淹之事实也。

《逸周书》之于《尚书》，犹《韩诗外传》之于《诗》，《大戴礼记》之于《礼》，皆属于经学研究范围，而留心此类典籍者不多，实有大力鼓吹之必要。朱希祖这段论述，所提到的是颇为清儒治经者所忽视之事。

九、《韩诗外传笺疏》凡例

《逸周书》既有朱右曾《集训校释》，又有孙诒让《斠补》，发正之处，已为不少（孙氏不信汲冢古文）。《韩诗外传》虽有赵怀玉、周庭宷校注之本，然皆颇为疏漏，元明旧刻，亦未详勘。近世以来，虽有人肄业及之，然悉不厌人意。六十年前曾肆力于此，后又得元刻明印本勘对，曾写《元刊本〈韩诗外传〉题记两首》，载在《中国历史文献研究集刊》第三集（岳麓书社1983年2月出版）。近期拟作《韩诗外传笺疏》，资料大体已集，正待写定。曾草《凡例》十条，今录于此：

一、韩婴说诗之书，旧有《内传》四篇，《外传》六篇（见《汉书·艺文志》）。自唐、宋以来，《内传》既亡，惟存《外传》十卷（近人沈家本《世说新语注所引书目》一谓《内传》未亡，即存《外传》之中。其说不足凭，余别有辨证，在《附录》卷四）。散乱之余，芜秽斯多。今稽撰旧闻，粗为理董，古词典义，籀绎二三，草创《笺疏》十卷。未比康成之作，但主毛公；聊同冲远之书，因成前业耳。

二、《韩诗外传》旧题有惟称《诗外传》而不冠以韩字者（元刊本及明苏献可通津草堂本、沈辨之野竹斋本、毛晋汲古阁本并然；而元刊本首《韩婴传》，已标《韩诗外传》之名，苏本、沈本载钱惟善序，亦题为《韩诗外传序》）。今案：陆德明《毛诗》题下《释文》云：《诗》是此书之名；毛者传《诗》人姓，既有齐、鲁、韩三家，故题姓以别之。此书之必当题韩字，亦犹是也。《白虎通德论·爵篇》《诛伐篇》《王者不臣篇》《姓名篇》《风俗通义·山泽篇》，皆引《韩诗内传》，是汉人所见《内传》，已题韩字，《外传》自应相同。《后汉书·刘宽传》注引谢承书云：宽少学欧阳《尚书》、京氏《易》，尤明《韩诗外传》。盖《韩诗外传》之称，由来久矣。据荀悦《汉纪》卷二十五，《齐诗》亦有内外传，若不标韩字，更何以相别乎？凡此变乱旧称，苟求古雅，殊无取焉。明薛来芙蓉泉书屋以下诸本，并题曰《韩诗外传》，此通行可用之式也。今《笺疏》依焉。

三、旧本题下次行，咸署韩婴之名（元本、苏本、沈本并题韩婴二字，薛本题汉韩婴撰，程本以下并题汉燕人韩婴撰）。案：孔颖达《毛诗》卷首《正义》云：汉承灭学之后，典籍出于人间，各专门名氏，以显其家学，故诸为训者，皆云氏，不言名。是则韩婴之名，出于后人题署矣（《册府元龟》卷八百八十一引《韩氏外传》述管鲍事，亦称韩氏，说见《佚文》中。今谓《诗》上冠韩，已显旧业；章句既正，宜用新名。凡诸题署，悉从刊削。惟称《韩诗外传笺疏》卷第几，下署某某学而已。非敢淹没前修，变更昔式。盖犹子政之校《荀》《贾》，别号《新书》；邵公之解《公羊》，自题家学云尔。

四、《韩诗外传》之有刻版，始于宋庆历中（见《容斋续笔》卷八）。当时既无好本，刊者又有所雌黄。创痏滋多，实基于此。及今宋刻既亡，世传唯重元本。元本乃至正十五年海岱刘贞刊于嘉兴路儒学者。自元入明，递有修补。讫嘉靖、隆庆之际，犹在摹印。虽小胜之处，时类排沙，而舛夺之文，终伤掩瑜。其难尽据，辜较可知。明代诸刻，嘉靖时则有苏州苏献可通津草堂本、沈辨之野竹斋本（沈本即苏本重印）、济南薛来芙蓉泉书屋本，万历时则有新安程荣《汉魏丛书》本、钱塘胡文焕《格致丛书》本，天启时则有杭州唐琳快阁藏书本，崇祯时则有虞山毛晋汲古阁《津逮秘书》本。毛刻出于苏沈，程、胡、唐诸刻皆本之薛氏。明刊之于元本，略有异同。落叶旋扫，牡丹复萌。凡此版刻源流得失，别详《参校诸本题记》（见《附录》卷一）。

今比对诸本，断至毛刻，多取元刊，亦存明本。惟善是从，不主一是。诸本异同，悉具注中。昔郑君注《礼》，详列今古之文；陆氏释经，并出兼通之理。取则不远，窃比斯在（元刊本今见两部，其一刷印较早，补抄者仅有三页，省称元甲本；其一刷印稍后，补抄者二十六页，为袁廷梼五砚楼旧藏，省称元乙本。两本相同者，但称元本，不复区别。元乙本补抄之页，皆经黄丕烈以元本、毛抄校正，今依版心标志，分别称黄从元本补、黄从元本校、黄从毛抄补、黄从毛抄校，以取异焉。其余诸本，但取刊印者之姓氏，以为省称）。

五、《韩诗外传》之有校订，今所知者，莫早于宋庆历时之文彦博（《容斋续笔》卷八记庆历中李用章刻本末题云：蒙文相公改正三千余字。文相公，谓文彦博也。说详《附录》卷一）。其所改正三千余字，文献无征，不能究其得失。

清乾隆中，武进赵怀玉、新安周庭寀并为之《校注》，期月之间，先后刊布（赵书刻于乾隆五十五年，周书刻于五十六年），互不相谋，同称善本。赵精校雠，周兼疏释。然犹肆力不深，遗义斯众。自时厥后，蕲水陈士轲有《疏证》之作（陈士轲《韩诗外传疏证》十卷，刻于嘉庆二十三年），侯官陈乔枞有考遗之编（陈乔枞述其父寿祺之作，成《韩诗遗说考》五卷，《叙录》一卷，《附录》一卷，《补遗》一卷，道光中刻入《左海续集》，其后《清经解续编》收入此书，订为十八卷）。一则惟录互见之文，一则但详篇什之义。趋舍虽殊，发明盖寡。日照许瀚创为《校议》（许瀚《韩诗外传校议》一卷，成于咸丰时），锲而不舍，以少胜多。德清俞樾、瑞安孙诒让，肄业及此，咸有撰述（俞樾《曲园杂纂》卷十七有《读韩诗外传》，孙诒让《札迻》卷二校《韩诗外传》。此二书皆刻于光绪时）。发疑正读，孙氏尤精。然三家既非专业，未贯全书。坠绪毕张，其犹有待。今治此书，兼采众家，旁稽载籍。以互见之文，推其因革；以援引之书，穷其流变。征其形体递嬗之迹，准之声韵通转之理。论列是非，折衷至当。误文宜正，凡有元、明旧刊可据者，则径加刊改；否则但具其说于注中，原本面目，一仍其旧。斯循闻疑载疑之良规，非慕误书思适之高谈。昔何平叔之解《论语》，记诸家之善，记其姓名；颜师古之注《汉书》，核古本之原，归其真正。矩矱斯同，于斯取譬（赵、周、许、俞、孙诸家，引用较多，省名称姓；二陈同姓，并举其名。别撰《笺疏引据诸家叙录》并《引用书目》，在《附录》卷二）。

六、《韩诗外传》成于汉初，其所采掇多周秦典籍，奥义古词，所在非一。今究讨原书，披寻本传，其有旧注可遵，咸为登录；其无旧注，或旧注疏舛难从，则略事补苴，别撰新释。又念郑注《易》《礼》，高解吕、刘，既详训诂，亦证音读。今于难字，颇注反切。故训多本《说文》，音读略准《广韵》。音训之作，不过欲令诘诎理顺，鉏铻获安。譬之解结而佩觿，孰吝忘蹄于得兔？若曰壮夫不为，则唯览者自便。

七、先秦两汉之书，传闻谣谚，讽诵不独在竹帛。使事造词，率相师用。《笺疏》之作，不仅详其互见之文，亦就管窥所及，片语畸闻，皆究其根柢，穷其枝叶。凡有异同，不嫌比较。昔裴世期之注陈《志》，譬兼味于蜜蜂，李崇贤之证萧《选》，称弋钓于书部。巨细咸罗，事义兼释。虽曰未逮，窃有志焉。

八、《韩诗》为今文之学。《外传》虽曰取《春秋》，采杂说，咸非其本义（见《汉书·艺文志》），然其称引《诗》篇，不独文字有异于毛、郑之本，解故推理，亦显然自成一家。今略本王应麟以来所考遗说，为之疏证。多取陈乔枞之说，以其合《外传》之文，以推韩义，较者家为备也。韩说无征，而毛郑诸家之说无悖于本传之义者，间亦采焉。本非释经之作，无取颛固为也。

九、《韩诗外传》之有佚文，自明焦竑始言之（见《焦氏笔乘续集》卷三）；董斯张因有世传《外传》非全书之说（见《吹景集》卷十二）。清代之治此书者，周、赵、二陈，皆于遗佚有所补辑（周书无佚文，周宗沅《校注拾遗跋》举佚文三条）。赵辑出于卢文弨（见《孙氏祠堂书目内编》卷一），比诸家为备。今综此数家，复有增益，别为《佚文》一卷，《存疑》《辨误》附焉。亦从《笺疏》之体，为之考论。取舍之故，序例详之。

十、《笺疏）写定，有关系此书，未能纳入，尚须讨论者，取为《附录》四种，定著四卷：一曰《参校诸本题记》，二曰《笺疏引据诸家叙录》（并《引用书目》），三曰《旧本序跋纂录》，四曰《前人评述辑要》。各有小序，明其义例。比之《别录》，同乎《后语》。不能省净，庶得会通云尔。

《笺疏》已开始写定，计全书约六十万字左右。不贤者识其小者，亦经学中《诗》学的一项不可缺少的工程吧。

十、孙诒让《周礼政要》

《王制》与《周礼》为经今古文学派所据以为礼制歧异的两个重要文献。其实都不是曾经实施过的制度，而不过是不同学派对于国家管理的一些理论和设想而已。《王制》经康有为托以为变法维新的依据，衍为小康、大同之说，至今犹有影响。《周礼》对于国家管理的理论和设想，其周密处过于《王制》，且与现代学说更为接近，以清季维新派尊奉今文，故无所发挥。及孙诒让治此经，除作《正义》外，又为《周礼政要》一书，始对《周礼》的国家管理学说，有所阐述。《周礼政要叙》云：

> 中国变法之议，权舆于甲午，而极盛于戊戌。盖诡变而中阻，政法未更，而中西新故之辩，舛驰异趣，已不胜其

哗聒。夫政之至粗者，必协于群理之公，而通于万事之变。一切弗讲，而徒以中西新故画区畛以自隘，吾知其懵然一无所识也。中国开化四千年，而文明之盛，莫尚于周。故《周礼》一经，政法之精详，与今泰东西诸国所以致富强者，若合符契。然则华盛顿、拿坡仑、卢梭、斯密亚丹之伦所经营而讲贯，今人所指为西政之最新者，吾二千年前之旧政，已发其端，吾政教不修，失其故步，而荐绅先生咸茫昧而莫知其原，是亦缀学者之耻也。辛丑夏，天子眷念时艰，重议更法，友人以余尝治《周礼》，属捃摭其与西政合者，甄缉之以备财择。此非欲标揭古经，以自张其虚骄而饰其窳败也，夫亦明中西新故之无异轨，俾迂固之士废然自反，无所腾其喙焉尔。书凡二卷，都四十篇，虽疏漏尚众，而大致略具。汉儒不云乎？为治不在多言，顾力行何如耳。诚更张今法，集我群力而行之不疑，则此四十篇者，以致富强而有余；其不能也，则虽人怀晁贾之策，户诵杜马之书，其于沦胥之痛，庸有救于毫穛乎？呜呼！世之论治者，可以鉴矣！光绪壬寅四月，籀庼居士书。（《籀庼述林》卷五）

孙诒让的见识比康有为高明（见《太炎文录》卷二《瑞安孙先生伤辞》），他对于《周礼》的借鉴作用，是有较为科学的认识的。

十一、黄以周论《礼经》及两戴记

黄以周《礼书通故》是贯通“三礼”的一部好书。其第一卷通论礼书，至为详备。惜其文繁，未能全录，仅采其论《周礼》《仪礼》名义及大小戴《记》分合两条以为治《礼》者之助。其论《周礼》《仪礼》名义云：

> 孔颖达云：《周礼》见于经籍，其名异者有七处：《孝经说》云，《礼经》三百。一也。《礼器》云：《经礼》三百。二也。《中庸》云：《礼仪》三百。三也。《春秋说》云，《礼义》三百。四也。《礼说》云，有《正经》三百。五也。《周官》外题谓为《周礼》。六也。《汉·艺文志》云：《周官经》六篇。七也。七者皆云三百，故知俱是《周官》，《周官》三百六十，举成数，故云三百也。
>
> 《仪礼》之别，亦有七处，而有五名，一则《孝经说》《春秋说》及《中庸》并云：《威仪》三千。二则《礼器》云：《曲礼》三千。三则《礼说》云：《动仪》三千。四则谓为《仪礼》。五则《艺文志》谓《仪礼》为《礼古

经》。凡此称谓，并承三千之下，故知即《仪礼》也。非谓篇有三千，但事之殊别，有三千条耳。或一篇一卷，则有数条之事。

朱熹云：《经礼》《威仪》，《礼器》作《经礼》《曲礼》，而《中庸》以《经礼》为《礼仪》。郑玄等皆曰《经礼》即《周礼》，《曲礼》即《仪礼》。独臣瓒曰：周礼三百，特官名耳。《经礼》谓冠昏吉凶，盖以《仪礼》为《经礼》也。而近世叶梦得曰：《经礼》，制之凡也。《曲礼》，文之目也。先王之世，二者皆藏书于有司。祭祀朝觐会同，则太史执之以涖事，小史读之以喻众；而卿大夫受之以教万民，保氏掌之以教国子者，亦此书也。

愚意《礼》篇三名，《礼器》为胜，诸儒之说，瓒、叶为长。盖《周礼》乃制治立法、设官分职之书，于天下无不该摄，礼典固在其中，而非专为礼说也。故《汉志》立其经传之目，但曰《周官》，而不曰《周礼》。自不应指其官目以当《礼》篇之目。又况其中或以一官兼掌众礼，或以数官通行一事，亦难计其官数以充《礼》篇之数。至于《仪礼》，则其中冠昏丧祭，燕射朝聘，自为《礼经》大目，亦不容专以《曲礼》名之也。又考《礼经》固今之《仪礼》，其存者十七篇，而其逸见于它书者，犹有《投壶》《奔丧》《迁庙》《衅庙》《中霤》等篇，《曲礼》则皆礼之微文小节，如今《曲礼》《少仪》《内则》《玉藻》《弟子职》篇所记。

以周案：古人于《仪礼》单曰《礼》，对《记》言则曰《经》，其中古文曰《古经》。《周礼》只曰《周官》，对《传》言曰《周官经》，《说文序》曰：其称《礼》《周官》，皆古文。《汉·艺文志》曰：《礼古经》五十六篇，《经》十七篇，《周官经》六篇，《周官传》四篇。《景十三王传》曰：《周官》《尚书》《礼》《礼记》《孟子》《老子》之属，并未有《仪礼》《周礼》之名。自刘歆始建立《周官经》以为《周礼》，于是《周官》有《周礼》之名，而十七篇之《礼》尚不称《仪礼》也。后人又误以《曲礼》三千为《礼经》，于是名《礼经》为《仪礼》。经义既缪，经名亦因之不正矣！《后汉·郑玄传》云：郑所注《周易》《尚书》《毛诗》《仪礼》《礼记》《论语》《孝经》。举郑所注书，不应遗《周官》，盖《仪礼》二字乃《周官》《礼》三字之误。非汉时有《仪礼》之名也。先君子（以周的父亲式三）曰：《中庸》礼仪三百，威仪三千。据《周官·肆师》注：古书礼仪作礼义。《左传》：民受天地之中以生，是以有动作礼义威仪之则。言人之动作，礼义三百，威仪三千，有法则也。以其为礼之大经曰《经礼》，以其为礼之大义曰《礼义》，其实一也。以其威可畏，仪可象，曰《威仪》，以其委曲繁重曰《曲礼》，实亦一也。《仪礼》十七篇之大纲，是谓《礼经》。其中曲礼，虽以凌次仲之《释例》，犹未尽其详也。《周官·冢宰》言六典之纲，是谓《礼经》，而九赋九式，未尝非《曲礼》。《大宗伯》言五礼之纲，是谓《礼经》，而《大行人·司仪》所言亦未尝非《曲礼》也。《戴记》如《冠义》《昏义》《乡饮酒义》《燕义》《射义》《聘义》，凡以义名者，古之所谓礼义，遗篇犹在，即为《礼经》，而其中言拜揖之仪、俎豆之数，非无《曲礼》。《少仪》《内则》《玉藻》，统言之皆为《曲礼》，而任翼圣分《内则》《少仪》《玉藻》为明伦之纲，《曲礼上》为敬身之纲，亦非无《礼经》也。诸书有经、有曲，读者善会之。或谓《礼经》为常，《曲礼》为变，尤谬！

又论大小戴《礼记》的关系说：

《释文叙录》云：陈邵云：大戴删《古礼》二百四篇为八十五篇，谓之《大戴礼》。戴圣删《大戴礼》为四十九篇，是为《小戴礼》。隋《经籍志》云：《记》百三十一篇，刘向校得百三十篇，又得《明堂阴阳记》三十三篇，《孔子三朝记》七篇，《王史氏记》二十一篇，《乐记》二十三篇，凡五种合二百十四篇。戴德删其繁重，合为八十五篇，谓之《大戴记》，而戴圣又删大戴之书为四十六篇，谓之《小戴记》，汉末马融传小戴之学，又足《月令》一篇，《明堂位》一篇，《乐记》一篇，合四十九篇。

以周案：晋陈邵《周礼论序》，语皆失实。《汉志》：《记》百三十一篇、《明堂阴阳》三十三篇，《王史氏》二十一篇，盖古文也。大小戴所采记，今文为多。《大戴记》之存者，于《汉志》礼家诸记外，又取儒家《曾子》十八篇，存其十篇。《孙卿子》三十三篇，存其《问五义》《三本》《劝学》《宥座》数篇。《贾子》五十八篇，存其《保傅》诸篇。又取《论语》家《孔子三朝记》七篇。《小戴记》《奔丧》《投壶》诸篇，取诸《古礼经》。《乡饮酒义》《冠义》《昏义》《射义》《燕义》《聘义》，取诸《古礼记》。《三年问》《哀公问》诸篇，取诸《荀子》。又取儒家《子思子》二十三篇，存其《中庸》《表记》《坊记》《缁衣》四篇。取公孙尼子《乐记》二十三篇，存其十一，合为一篇。陈邵二百四篇，据刘向《别录》为言，其实二戴所取，不专在二百四篇中也。作《隋书》者改为二百十四篇，又以五种实有二百十五篇，遂谓《记》百三十一篇，刘向校得百三十篇，以合其数，误。杜氏《通典》又改《明堂阴阳记》为二十二篇，《王史记》为二十篇，总二百二篇，更误。

又考《乐记》孔疏云：按《别录》，《礼记》四十篇，《乐记》第十九。则《乐记》入《礼记》在刘向前，而四十九篇实为《小戴》之旧目矣。《后汉·桥玄传》云：七世祖仁从戴德学，著《礼记章句》四十九篇，成帝时为大鸿胪。戴德当作戴圣。汉《儒林传》曰：小戴授梁人桥仁、扬荣，家世传业。由是小戴有桥、扬之学。刘向校书秘府，与桥仁同时，所见篇目已为四十九，不待融足甚明。《隋志》欲以《小戴》所录，补《大戴》阙篇，尚多三篇，故以《月令》《明堂》《乐记》归之融入，以合其数。其实小戴之《记》，未必俱取大戴，戴东原、孔𢖍轩已详辨之。

窃考《诗·汾沮洳正义》引《大戴礼·辨名记》，《灵台正义》引《大戴礼·正穆篇》，《玉海》载沈约《谥法》十卷，《序》引《大戴礼》有《谥法》，《白虎通义》引《辨名记》曰《礼·别名记》，引《谥法》曰《礼记·谥法》，所云《礼》，皆据《大戴礼》为文，又别引《礼·三正记》，《礼·五帝记》，《礼·亲属记》，其亦为《大戴礼记》可知也。则《大戴》亡佚之篇非一同《小戴》，而《隋书》欲以《小戴》之四十六篇补其阙数，不亦诬乎？今《大戴记》三十八篇已上皆亡。中又阙四十三、四十四、四十五、六十一四篇，及八十二以后四篇，凡存三十九篇，其《大戴》篇第宜依司马贞所见本为定，凡存三十八篇。《史记索隐》云：《大戴礼》合八十五篇，其四十七篇亡，见今存者有三十八篇。钱竹汀谓唐以前《盛德》《明堂》不分为二，《迁庙》《衅庙》亦合为一。此说是也。

自宋以后，分窜篇第，于是有后出之本有四十篇之说。晁昭德云：今书四十篇，中有两七十四。陈振孙云：七十二复出一篇，实存四十篇。熊朋来、吴幼清皆云：七十三有二，总四十篇。所见本各不同。《小戴》四十九篇，郑渔仲谓即《后苍曲台记》，误。毛大可谓《仪礼》是《戴记》，四十九篇不是《戴记》，更谬。

十二、《大戴记》的被重视

三礼之学是清儒朴学的一个重要内容。《周礼》有孙诒让的《正义》，是博大精深的一部新疏。《仪礼》有胡培翚的《正义》，也达到了超越旧疏的水平。唯《礼记》既是兼今古文学派著述汇萃的一部巨著，又兼有礼、乐古著内容，且通论、曲礼，兼容并包。但是清儒新疏中却没有一部较好的著述。孙希旦的《集解》，朱彬的《集释》，都是不够格的。要写出一部超过孔颖达的新疏，其犹有待。倒是《大戴礼记》既有孔广森的《补注》，而王树枏又加以《校正》，孙诒让复为《大戴礼记斠补》，其《序》讲此书的整理传授经过，至为详实，今迻录于此，以为治《礼》者参考：

《礼大戴记》汉时与《小戴》同立学官，义恉闳邃，符契无间。而《小戴》诵习二千年，昭然如揭日月，太傅《礼》乃残帙仅存，不绝若线，缀学者几不能举其篇目，何其隐显之殊绝与？

综而论之，二君咸最集古记，捃采极博。《大戴》虽残阙，而先秦遗籍，犹多存者。如《三朝记》为洙泗微言；《曾子》十篇，义尤纯粹，与子思《中庸》、公孙龙子《坊记》《缁衣》相拟；而《天圆》《易本命》诸篇，究极天人，致为精眇。近儒多援四角不揜之难以证地圆，余谓《小正》实有夏遗典，所出最古，其“三月参则伏”传云：星无时而不见，我有不见之时，故云伏。其于地圆之理，盖尤明辨晳矣。

二《记》原流，刘氏《七略》，班氏《儒林传》所论略备。原其师授，咸本高堂生。而张稚让《进广雅表》说《尔雅》云：爰曁帝刘，鲁人叔孙通撰置《礼记》，文不违古。然则汉初撰集《礼记》，稷嗣实为首出导师，而高堂、后苍，咸在其后。故《大戴》旧本，亦兼述雅训。《白虎通义》引《礼·亲属记》即其遗文。是则《大戴》师承既远，综览尤博，斯其左验矣。

自马郑诂《礼》唯释《小戴》，隋唐义疏家复专尚北海，八十五篇之《记》，遂无完书。今所存三十九篇为十三卷者，不审始于何时。东原戴氏据隋《经籍志》谓《小戴》删《大戴》为四十六篇，与今《大戴》阙篇适合，证隋时传本已如是。然《经典释文叙录》引晋陈邵《周礼论序》，先发此论，复谬悠，然可证彼时所传已与今同。若然，此《记》完本，殆亡于永嘉之乱乎？唐以后卢注亦阙大半，宋时虽称十四经，而自傅崧卿、杨简、王应麟诸家外，津逮殊尟。近代通人，始多治此学。而孔氏《补注》，最为善本。余昔尝就孔本研读，又尝得宝应刘楚桢年丈宝楠所录乾嘉经儒旧斠，多孙渊如、丁小雅、严九能、许周生诸家手记，又有赵雩门所斠残宋椠异文，与孔书小殊，并录于册耑，藏箧廿年，未遑理董也。己亥冬，既写定《周书斠补》，复取《大戴》校本别付写官，以刘录旧斠，传抄甚稀，虑其零落，并删定著之。

犹忆同治癸酉，侍先太仆君在江宁时，余方草创《周礼疏》，而楚桢丈子叔俛孝廉恭冕，适在书局刊补《论语正义》亦甫成，时相过从，商榷经义。偶出《大戴》斠本示余，手录归之。叔俛喜曰：此本世无副迻，唯尝写寄绩溪胡子继教授培系，今子又录之，大江以南，遂有三本，可不至湮坠矣！又云：胡君为《大戴义疏》，方缀缉长编甚富，倘竟其业，诸家精论，必苞综无遗，它日当与《周礼疏》并行。但恐其书猝不易成耳。未几，余从先君子至皖，而胡君适为太平教授，曾一通问，未得读其所著书也。比余归里不数年，闻刘、胡两君相继物故。嗣胡君族子练溪太守元洁守温州，余从问君遗著，略述一二，而询以《大戴礼疏》，则殊不了，殆未成也。子胜斐然，中道废辍，刘君之语，不幸中矣！今者甄录诸家旧斠，亦以答刘君相示之意，而深惜胡疏之不得观其成。旧学日稀，大业未究，迻写之馀，所谓抚卷增喟者也。至此册识误匡违，米盐凌杂，聊为治此经者识小之助。于礼经大义，概乎其未有闻。窃念海内闳达，倘有踵胡君而为义疏者，或有取于是。冲远之博采皇熊，抝约之兼征卢戴，是则不佞所睎望于方来尔。光绪廿五年十二月。

孙书今已流播，而集卢戴孔孙诸家之说而为义疏，则犹有待也。

十三、廖平对今古经学多持平之论

廖平为经今文学派的大师，但是他对于古今两派多持平之论，《今古学考》卷下的《经话》说：

> 今学《礼》，汉以前有《孟》《荀》《墨》《韩》可考；古学则《国语》《周书》外，引用者不少。汉初，燕赵之书不盛传，贾、张以外，少所引用，然不能谓其出于晚近也。

又说：

> 《周礼》之书，疑是燕赵人在六国时因周礼不存，据己意，采简册，摹仿为之者。其先后大约与《左传》《毛诗》同。非周初之书也。何以言之？其所言之制，与《尚书》典礼不合，又与秦以前子书不同，且《孟子》言诸侯恶

其害己，而去其籍。无缘当时复有如此巨帙流传，故予以为当时博雅君子所作，以与《王制》相异，亦如《左传》之意。其书不为今学所重，故《荀》《孟》皆不引用。其中礼制与《左传》不同，必非一人之作。但不识二书孰在前，孰在后，孰为主，孰为宾也。

又说：

史公不见《左传》，则天汉以前，固无其书。然《前汉·儒林传》谓张苍、贾谊传《左传》学，为作训解。《艺文志》无其书。则其说亦误袭古学家言也。

按：《国语》早出，而《左传》晚兴。张贾所见，皆为《国语》。因其为左氏所辑，言皆记事，与虞氏、吕氏同有《春秋》之名，其称《左氏春秋》者，即谓《国语》，不谓《左传》。《左传》既出之后，因其全祖《国语》，遂冒左氏名，为《左氏传》。又以其传《春秋》，遂混《左氏春秋》之名。后人间传《左氏春秋》，不以为《国语》，而以为《左传》，遂谓张贾皆习《左传》，此共冒名混实之听由也。使当时有《左传》以传经，又有师说，张贾贵显，何不求立学官？纵不立学官，何以刘子骏之前，无一人见之？太史公博极群书，只据《国语》，刘子骏《移太常书》只云：庸生等与同。不云其书先见。班书又云：歆校书见《左传》而好之。是歆未校书以前，不见《左传》也。观此则张贾不习《左传》，明矣。

前亦颇疑《左传》为河间人所伪造，有数事可以证其为先秦之书者：其书体大思精，鸿篇巨帙，汉人无此才。一也。刘子骏为汉人好古之最，犹不能得其意旨所在，则必非近作。二也。使果一人所为，则既成此书，必不忍弃置，且积久乃成，书刀不易，亦必有人治其学，传其事，书成以后，不授学者，而以全部送之秘府，又无别本，使非刘子骏，将与古文《尚书》同亡，至重不忍轻弃。三也。《曲礼》出在汉初，已为传记，则原书必不在文景之后。四也。西汉今学盛，使果西汉人作，必依附二家，不敢如此立异。五也。以旧说论之，驳左者谓成于建始，则不若是之迟；尊左者谓出于汉初，则不若是之早。能知迟早成出之原，则庶乎可与谈《左》学矣。

廖平歧视古文学派的两部大著作《周礼》与《左传》，其立场是坚定的。但是，他并没有随意给这两部大著作扣上什么“新学”“伪经”的大帽子。康有为窃取了廖平之说，又出于他维新变法的政治需要，于是大骂刘歆，说他讲的不是汉学而是“新学”（因为刘歆在政治上依附了王莽），而他借王莽的政治力量使之立于学官的《周礼》与《左传》是“伪经”。康有为这样信口胡言，有他的政治目的，他那种政治尽管是改良主义，但在历史上还有它一定的进步作用，这我们可以理解他。但是，现在还有人拾康有为的唾余，大讲刘歆伪造《左传》，那就只能是哗众取宠，所谓“攻难之士，求名而不得”的学术掮客了！这种转贩、攘窃行为，是为治经者所不取的。

十四、俞正燮《春秋左传书式考》

古经和传，本是各自单行的。《易》的《彖》《象》传附上下《经》，在前文已经谈到。《春秋左氏传》也有这个问题。俞正燮《癸巳类稿》卷二有《春秋左传书式考》一篇，论此事最详。他说：

> 《汉书·艺文志》云：《春秋古经》十二篇，《左氏传》三十卷。此官书就所得《经》《传》各本也。其《经》十一卷，则两家立学官书，与《左氏》无涉。《儒林传》云：贾

谊为《左氏传训故》。又云：平帝时立《左氏春秋》。《楚元王传》云：初《左氏传》多古字古言，学者传训故而已。及歆治《左氏》，引《传》文以解经，转相发明，由是章句义理备焉。是今《传》附《经》三十卷本，非西汉官本，乃刘歆引《传》解《经》本也。《后汉书》云：贾逵父徽，受业于歆，逵传父业。《南齐书·陆澄传》云：澄谓王俭曰：泰元取服虔而兼取贾逵《经》者，服《传》无《经》，虽在注中，而《传》又有无《经》者故也。今留服去贾，则《经》有所阙。是贾氏得刘本，亦《传》附《经》也。今杜本十八卷，襄公二十有六年《经》前之《传》注云：当继前年之末，而特跳此者，传写失之。是杜预用旧本《传》附《经》。又此条《传》居十八卷首，讥其失不改也。杜言分《经》之年与《传》之年相附，随而解之，名曰《经传集解》。《正义》云：言集《经》《传》解之，与他名《集解》者名同实异。《正义》之说非是。杜谓集古刘贾许颍之不违者，以其解随经年传年先后相附。先见《传》者，则《经》不注；先见《经》者，则《传》不注，故名《经传集解》，不名《集经传解》也。以《汉志》、传及杜十八卷首注言之，知合《经》《传》及分卷皆刘歆、贾逵旧式。惟服虔为《左传》单行本。

这里说明《春秋经》与《左传》合，不是杜预所为，而是刘歆、贾逵旧式。对于《春秋左氏传》的原貌，是讲述得很清楚的。

十五、文集中有经学

《颜氏家训·勉学篇》说：

> 俗间儒士，不涉群书，经纬之外，义疏而已。吾初入邺，与博陵崔文彦交游，尝说《王粲集》中难郑玄《尚书》事。崔转为诸儒道之。始将发口，悬见排蹙，云：文集只有诗赋铭诔，岂当论经书事乎？且先儒之中，未闻有王粲也。崔笑而退，竟不以《粲集》示之。
>
> 魏收之在议曹，与诸博士议宗庙事，引据《汉书》。博士笑曰：未闻《汉书》得证经术。收便忿怒，都不复言，取《韦玄成传》掷之而起。博士一夜共披寻之，达明，乃来谢曰："不谓玄成如此学也。"

这里所举的两事例都说明俗儒眼光狭隘，不读群书。其实经学材料散见于群书者，何止这些。刘知几和司马贞争论《孝经注》是否出于郑玄事，其文即见《文苑英华》卷七百六十六。俗儒闻《文苑英华》有经学史料，亦恐将有掩耳以为怪事者。关于郑注真伪问题，严可均《孝经郑注考》辨之最明，他说，郑玄注《孝经》在前，注三礼在后，故有前后见解不完全相同之处。此文在《铁桥漫稿》卷四中，《铁桥漫稿》也即是俗儒认为“只有诗赋”的文集。不读群书即谈不上经学，举此可以佐证颜之推之说。

十六、汉人都读《孝经》

《汉书·霍光传》载霍光用皇太后的诏废昌邑王贺，“光令王起拜受诏。王曰：闻天子有争臣七人，虽亡道，不失天下。光曰：皇太后诏废，安得天子！”这一段记载写得十分生动。昌邑王引用的正是《孝经·谏降章》里的话。这可以证明，汉人都是熟读《孝经》的。连荒淫无道的昌邑王贺也不例外。而且这句话很有道理，说昌邑王贺的荒谬行为，霍光本人不劝谏，也有责任。霍光的回答之语，只能搬起皇太后诏，实在狼狈不堪。说明他在读书这一点上，并不如昌邑王。后来他说：“公卿大臣当用有经术明于大谊者。”（见《隽不疑传》，此据《通鉴》卷二十四订正）这就是他内疚的自白。

十七、半部《论语》治天下

《宋史·赵普传》：“普少习吏事，寡学术。及为相，太祖常劝以读书。晚年手不释卷。每归私第，阖户发箧。视之，则《论语》二十篇也。”又“论曰：家人见其断国大议，闭户观书，取决方策。他日窃视，乃《鲁论》耳。”《鹤林玉露》乙编卷一《论语》条云：

> 杜少陵诗云：小儿学问止《论语》，大儿结束随商贾（《最能行》）。盖以《论语》为儿童之书也。赵普再相，人言：普，山东人，所读者止《论语》。盖亦少陵之说也。太宗尝以此语问普。普略不隐，对曰：臣平生所知，诚不出此。普以其半辅太祖定天下，今欲以其半辅陛下致太平。普之相业，固未能无愧于《论语》，而其言则天下之至言也。朱文公曰：某少时读《论语》便知爱，自后求一书似此者卒无有。

章炳麟说：“《论语》所说，理关盛衰。赵普称半部治天下，非尽唐大无验之谈。”（《蓟汉微言》）《朱子语类》卷十九说：“《语》《孟》工夫少，得效多；六经工夫多，得效少。”从上面举的这些故事和议论看，都可以说明治经学宜先从《论语》入手。

十八、朱熹谈《论语》《孟子》

朱熹是在《论语》和《孟子》上下了很大工夫的。他说：

> 《孟子》要熟读，《论语》却费思索。《孟子》熟读易见，盖缘是它有许多答问发扬。

又说：

> 人有言：理会得《论语》，便是孔子；理会得七篇，便是孟子。子细看，亦是如此。盖《论语》中言语，真能穷究极其纤悉，无不透彻，如从孔子肚里穿过，孔子肝肺尽知了，岂不是孔子！七篇中言语，真能穷究透彻无一不尽，如从孟子肚里穿过，孟子肝肺尽知了，岂不是孟子！

又说：

孔子之言多是泛说做工夫，如居处恭，执事敬，言忠信，行笃敬之类，未说此是要理会甚么物。待学者多做事工夫透彻，却就其中见得体段是如此。至孟子，则恐人不理会得，又蹴进一著说，如恻隐之心与学问之道，求放心之类，说得渐渐亲切。今人将孔孟之言都只恁地草率看过了。

又说：

问：《论语》一书未尝说一心字。至孟子，只管拈人心字说来说去：曰推是心，曰求放心，曰尽心，曰赤子之心，曰存心。莫是孔门学者自知理会个心，故不待圣人苦口；到孟子时，世变既远，人才渐渐不如古，故孟子极力与言，要他从个本原处理会否？

曰：孔门虽不曾说心，然答弟子问仁处，非理会心而何？仁即心也。但当时不说个心字耳。此处当自思之，亦未是大疑处。

又说：

或问：孟子说仁字，义甚分明；孔子都不曾分晓说，是如何？

曰，孔子未尝不说，只是公自不会看耳。譬诸今沙糖，孟子但说糖味甜耳。孔子虽不如此说，却只将糖与人吃，人若肯吃，则其味之甜，自不待说而知也。

又说：

《论语》多门弟子所集，故言语时有长长短短不类处。《孟子》，疑自著之书，故首尾文字一体，无些子瑕疵。不是自下手，安得如此！若是门弟子集，则其人亦甚高。不可谓轲死不传。

（以上并见《朱子语类》卷十九）这些话对于研治《语》《孟》，都很有启发性。

十九、汪中《大学平议》

宋儒从《礼记》中取出《大学》《中庸》二篇，与《论语》《孟子》相配，称为《四书》。《中庸》为子思所作，已见郑玄《三礼目录》。《汉书·艺文志》即有《中庸说》单行。宋散骑常侍戴颙作《礼记中庸传》二卷（颙字仲若，见《宋书·隐逸传》），梁武帝作《中庸讲疏》一卷，皆见《隋书·经籍志》。是则此书为子思所作，并早已单行，悉无问题。唯《大学》宋儒以为曾子述孔子之言，并区分为《经》一章、《传》十章，则毫无依据。段玉裁《戴东原先生年谱》在雍正十年戴震十岁时记：

> 先生是年乃能言，盖聪明蕴蓄者深矣。就傅读书，过目成诵，日数千言不肯休。授《大学章句》至右经一章以下，问塾师：此何以知为孔子之言而曾子述之？又何以知为曾子之意而门人记之？师应之曰：此朱文公所说。即问：朱文公何时人？曰：宋朝人。孔子、曾子何时人？曰：周朝人。周朝、宋朝相去几何时矣？曰：几二千年矣。然则朱文公何以知然？师无以应。曰：此非常儿也！（此事又见《汉

学师承记》卷五《戴震传》）

戴震的这一问题，是提得十分尖锐的。汪中有《大学平议》一篇，阐论这个问题，谈得比较全面，今逐录如下：

《大学》其文平正无疵，与《坊记》《表记》《缁衣》伯仲，为七十子后学者所记，于孔氏为支流余裔，师师相传，不言出自曾子。视《曾子问》《曾子立事》诸篇，非其伦也！宋世禅学盛行，士君子入之既深，遂以被诸孔子。是故求之经典，为《大学》之格物致知可与傅合，而未能畅其旨也，一以为误，一以为缺。举平日之所心得者，著之于书，以为本义固然，然后欲俯则俯，欲仰则仰，而莫之违矣。习非胜是，一国皆狂。即有特识之士，发瘤于心，止于更定其文，以与之争，则亦不思之过也。诚知其为儒家之绪言，记《礼》者之通论，孔门设教，初未尝以为至德要道，而使人必出于其途，则无能置其口矣。

周秦古书，凡一篇述数事，则必先详其目，而后备言之。其在《逸周书》《管子》《韩非子》至多。本书《祭统》之十伦，《孔子闲居》之五至三无，皆是也。今定为《经》《传》，以为二人之辞，而首末相应，实出一口。殆非所以解经也。意者不托之孔子，则其道不尊，而中引曾子，则又不便。于事必如是而后安尔。门人记孔子之言必称子曰、子言之、孔子曰、夫子之言曰以显之。今《大学》不著何人之言，以为孔子，义无所据。

孔子曰：中人以上，可以语上也；中人以下，不可以语上也。明乎教非一术，必因乎其人也。其见《论语》者，问仁问政，所答无一同者。闻斯行诸，判然相反。此其所以为孔门也。标《大学》以为纲，而驱天下从之，此宋以后门户之争，孔氏不然也。宋儒既借《大学》以行其说，虑其孤立无辅，则牵引《中庸》以配之。然曾子受业于孔门，而子思则其孙也。今以次于《论语》之前，无乃颠乎？盖欲其说先入乎人心，使之合同而化，然后变易孔氏之义，而莫之非，所以善用其术，而名分不能顾也。（《述学·补遗》）

对《大学》怎样研究评价，这是经学上可以讨论的问题。但把它定为曾子所述，而且认为有《经》有《传》，又把它肯定为“初学入德之门”：这些不符合科学的做法；我是赞成戴、汪两氏之说，予以驳斥的。

二十、《尔雅》重农

《尔雅》并非语言专书，上文已有所论列。今案《尔雅》凡《释诂》以下三篇四卷为语言训诂，即以四卷而论，也不过占全书二十卷的百分之二十而已。《释草》《释木》《释虫》《释鱼》《释鸟》《释兽》《释畜》凡七目，皆与生物有关，占全书的百分之三十五，可以见其比重。生物则与农业有关。若加上《释地》《释丘》《释山》《释水》，也莫不关系农业，则凡十一篇，占全书的百分之五十五。可以见其分量矣。中国古代以农立国，如果说农业科学也应从中国实际出发，考虑中国特色，则《尔雅》实为必读的一部要籍。孙诒让有《与友人论动物学书》，载在《籀庼述林》卷十。所论颇有分际，若谓近代知识分子注意这一问题，则孙诒让可以算是一个代表人物。可惜这篇文章太长，无法收录。但他中间说："惜西人于中国古籍，尠能淹贯，不能稽其异同。"他自述说："不佞谫陋，间就译册研涉一二，尝取其说与中籍互相推校，颇多符合。"这种比较研究的精神，实在是迫切地需要推广到这一类书中来。

二十一、王昶跋《礼器碑》谈谶纬

关于谶纬之说，上文《分论》中专立一章，并引刘师培《谶纬论》。今案：后汉桓帝永寿二年（156年）建立在山东曲阜孔庙的《韩敕造孔庙礼器碑》，文中用谶纬之说甚多，诸家题跋，论及者不少。此碑文载在《金石萃编》卷九，王昶有一段较长的跋语，论谶纬颇有独到的见解，现在录载于此：

按谶之作，其来已久。《隋书·经籍志》云：《河图》《洛书》以纪易代之征，其理幽昧，究极神道。先王恐其惑人，秘而不传。说者又云：孔子既叙《六经》，别立谶纬，以遗来世。其书出于前汉，有《河图》九篇，《洛书》六篇，云自黄帝至周文王所受本文。又别有三十篇，云自周初至于孔子九圣之所增演，以广其意。又有《七经纬》三十六篇，并云孔子所作云云。考公羊子高受经于子夏，其传《春秋》，多舍《左传》而从《春秋说》，文见于何休注者甚众。则其书传自孔门弟子无疑。其以为出于汉初及起于西汉哀平之世者，皆非也。

纬书中间，有事涉迂缪及后世之事，疑皆妄人附益，而以之参验《六经》，殊足以资闻见。故太史公撰《五帝本纪》，于《世本》《国语》《三传》之外，兼采及之。孟喜注《易》“七日来复”，谓卦气起中孚，则用《易纬稽览图》；贾逵注《左传》“九丘”，称孔子作《春秋》立素王之法，则用《春秋纬》；赵岐注《孟子》，论《尚书》百二十篇，则用《春秋说题辞》；论命有三名，则用《孝经援神契》；许慎撰《说文解字》，引孔子云：推十合一为士，禾入水为黍，则用《元命包》；引子欲居九夷从凤嬉，则用《论语摘衰圣》；而郑康成《礼注》《诗笺》二书，取纬书以资发明者，尤不胜举；且郑于《河图》《易纬》《尚书纬》《尚书中候》《礼纬》《礼记默房》，并为之注。可见纬与经实相表里，不为大儒所弃如此。汉时且诏东平王苍正《五经章句》，皆命从谶。

朱氏彝尊谓终东汉之世以通七纬者为内学，通五经者为外学。其见于范史无论。谢承《后汉书》称姚浚尤明图纬秘奥；又称姜肱博通五经，兼明星纬。载稽之碑碣：于有道先生郭泰则云：考览六经，探综图纬。于太傅胡广则云：探孔子之房奥。于琅邪王傅蔡朗则云：包洞典籍，刊摘沉秘。于大鸿胪李休则云：既综七籍，又精群纬。于国三老袁良则云：亲执经纬，檃括在手。于太尉杨震则云：明河洛纬度，穷神知变。于山阳太守祝睦则云：七典并立。又云：该洞七典，探赜穷神。于成赐令唐扶则云：综纬河洛，吐嚼七经。于酸枣令刘熊则云：敦五经之纬图，兼古业，核其妙，七业勃然而兴。于高阳令杨著则云：穷七道之奥。于郃阳令曹全则云：甄极毖纬，靡文不综。于藁长蔡湛则云：少耽七典。于从事武梁则云：兼通河洛。于冀州从事张表则云：该览群纬，靡不究穷。于广汉属国都尉丁鲂则云：兼究秘纬。于广汉属国侯李翊则云：通经综纬。至于颂孔子之圣，称其钩河摘洛。盖当时之论，咸以内学为重，及昭烈即位，群臣劝进，广引《洛书》《孝经纬》文。萧绮所云"谶辞烦于汉末"，不诬也。

昶案：唐制四部图籍，甲部为经，其类有十。九曰图纬，以纪六经谶候。故唐儒撰群经《正义》，亦知遵信谶纬。而《艺文类聚》《北堂书钞》《初学记》《白孔六帖》诸类书，征引尤夥。盖自汉以来，博古之士，多喜习之。即有不能深信者，亦未竟斥为异端。自欧阳氏有《论九经请删除正义中谶纬札子》，而魏了翁作《九经正义》，尽削去之。自是厥后，学者同声附和，而纬书遂致散佚，仅有存者，良可叹惜也。

夫谶纬中荒渺不经，本所难免。且其记述，兼及三代以上帝王受命发祥制作之事，后人目不见上古之书，无从辨其是非。辄生訾毁，固无足怪。然即纬书之文证之《六经》，亦无大异。今试比而论之：纬言伏羲氏有天下，龙马负图出于河（《尚书中候握河纪》）。黄帝出游洛水之上，见大鱼醮之，鱼流于海，始得图书（《河图帝视萌》）。苍颉皇帝南巡元扈洛汭之水，灵龟负书以授之（《河图玉版》）。尧沉璧于河，元龟负书止坛，舜沉璧于清河，黄龙负图出水（并《握河纪》）。禹长于地理水泉九州，得括地象（《尚书刑德放》）。汤观于洛，沉璧而黑龟与之书（《中候洛子命》）。武王观于洛，沉璧，礼毕，青龙临坛，衔元甲之图，吐之而去。元龟负图出洛，周公援笔，以时文写之（并《握河纪》）。皆与《易》“河出图，洛出书，天垂象，圣人则之”、《书》“天乃锡禹洪范九畴”之义合。天人感应，理固有之。而云：伏羲德洽上下，天应之以鸟兽文章，地应之以龟书，乃作《易》（《礼含文嘉》）。奎主文章，苍颉效象洛书，曜书丹青，垂萌文字（《援神契》）。又与《易》论“伏羲画卦，取象天文地理人伦鸟兽”之语，悉悉相符也。纬言轩辕氏麒麟在囿，凤皇来仪，尧即政七年，凤皇止庭，巢阿阁欢树，伯禹拜曰：黄帝轩提象凤皇巢阿阁（并《中候》）。舜受终，凤皇仪，黄龙感（《洛书灵淮听》）。周公作乐而治，蓂荚生（《中候》）。非即《书》“击石拊石，凤皇来仪”，《国语》“鸑鷟鸣于岐山”，《礼记》“四灵为畜”之事乎？纬言禹授启，握元圭，刻曰延喜之玉，受德，天赐之佩（《尚书璇玑钤》）。非即禹锡元圭之事乎？纬言禹将受位，天意大变，迅风雷雨，以明将去虞而适夏《乐稽耀嘉》）。非即《书》“烈风雷雨”“天大雷电以风”之类乎？纬言大节出雷泽，华胥履之生伏羲（《诗含神雾》）。少典妃安登游于华阳，有神龙首，感之于常羊，生神农（《元命包》）。附宝出降，大雷，生帝轩（《孝经钩命决》）。大节如虹，下流华渚，女节梦意，感生朱宣（《元命包》）。瑶光之星如蜺贯日，感女枢于幽房之宫，生黑帝颛顼（《河图》）。天大雷电，有血流润大石之中，生尧母庆都，有赤龙负图，与庆都意感，有娠生尧（《春秋合诚图》）。握登见大虹，意感生舜（《含神雾》）。修己山行，见流星，意感栗然，生姒戎文禹（《尚书帝命验》）。扶始升高丘，睹白虎上有云如虎之状，感己生皋陶（《元命包》）。扶都见白气贯月，感生黑帝汤。太任梦长人感己，生文王（并《含神雾》）。即《诗》“天命玄鸟，降而生商”“履帝武敏歆”之类。而云尧母萌之，元云入户，蛟龙守门（《易坤灵图》）。尧母蔑食不饥，常若有神随之者（《合诚图》）。亦与后稷“鸟覆翼之，牛羊腓字之”，事绝相似也。纬言伏羲日角连衡珠（《援神契》）。黑帝修颈，黄帝兑颐（并《论语摘辅象》）。苍颉四目（《演孔图》）。轩辕骈干（《元命包》）。帝喾骈齿（《河图矩起》）。尧眉八彩（《元命包》）。舜目四童（《演孔图》）。禹耳三漏，皋陶马喙，汤臂三肘（并《礼说》）。伊尹面赤色而髯（《春秋考异邮》）。文王四乳，武王望羊，周公背偻（并《礼说》）。非即《左传》文公骈胁，成公黑臀，樾椒蜂目豺声之类乎？纬言神农生而能言，五日而能行，七朝而齿具，三岁而知稼穑般戏之事（《元命包》）。附宝生轩，胸文曰黄帝子（《河图握拒》）。苍帝生而能书（《元命包》）。非即《左传》周灵王生而有髭、鲁夫人季友生有手文之事乎？纬言燧人四佐、伏羲六佐、黄帝七辅（《摘辅象》）。即《论语》《春秋内外传》舜五人、文王四友、武王十乱之类。而风后、天老、五圣、知命、窥纪、地典、力墨、七辅等名，学者以经传无可证，斥为伪托，则《书》云：朱虎熊罴，殳斨伯马，《诗》云：皇父仲允，番聚蹶楀，诸臣亦不见于经传，而从无人议之者，又何说也？纬言五岳吐精生圣人（《钩命决》）。非即《诗》“维岳降神，生甫及申”之事乎？纬言尧受图书，已有稷名在篆（《中候苗兴》）。尧梦白虎遗吾马喙子，举皋陶为大理（《元命包》）。文王梦田获熊而得太公望（《中候洛师谋》）。朱雀衔丹书入节止，昌再拜稽首，至于磻溪之水，吕尚钓涯下，王下趣拜曰：公望七年，乃见光景于斯。非即《书》高宗梦赉良弼，说筑傅岩维肖之类乎？纬言孔子夜梦刍儿捶麟伤其前左足，束薪而覆之。孔子发薪下麟视之。麟蒙其耳，吐书三卷，孔子精而读之（《援神契》）。非即孔子梦奠两楹之类乎？纬言颛顼氏有三子，生而亡去，一为疫鬼，一为疟鬼，一为小鬼。非即《左传》实沈台骀为祟，黄熊入于羽渊，伯有为厉之类乎？纬又言太子发渡河中，火流为乌，其色赤（《帝命验》《中候合符后》），武王得兵钤，谋东观，白鱼入舟，俯取鱼以燎（《璇玑钤》）。按赤乌、白鱼二事，即今文《泰誓》之文，具见《史记》，《古文尚书》既不足信，将因纬书而并疑今文，可乎？且也，五帝之称，始于三礼，而纬书详五帝灵威仰、赤熛怒、含枢纽、白招拒、汁光纪五名，与《尔雅》所载青阳、朱明、白藏、元英诸目何异？西王母之名始于《尔雅》，而纬书述西王母于大荒之国，得益地图，献之于舜（《帝命验》）。正合四荒之义，且与空同、丹穴、太平、大蒙诸国，均无经文可证也。纬又言天皇九翼（《河图括地象》），人皇九头（《命历序》），及穿胸、儋耳之国（《论语撰考谶》）。从昆仑以北九万里，得龙伯国，人长三十丈，以东得大秦国，人长十丈，又以东十万里得中秦国，人长一丈（《河图龙文》）。蚩尤兄弟八十一人，并兽身人语，铜头铁额（《龙鱼河图》）。北东极有人长九寸（《含神雾》）。北极下有一脚人（《玉版》）。核之《春秋三传》，侨如棼如兄弟，佚宕中国及《国语》防风氏骨节专车之说，是上古遐陬，奇怪之事，亦圣贤所乐道，而《尔雅》记鲽鳒、卬蟨、迭食、迭望诸异，亦皆当时中国所无，何以言之甚悉？今比目鱼海滨多有之，则其三者，皆可确信。既信比肩之民，则穿胸儋耳，何独疑之？即其所言后世事，如"祖龙来，天宝开"（《尚书考灵曜》《河图天灵》）。"卯金刀，名为刘，中国东南出荆州，亦帝后，次代周"（《演孔图》），"帝刘之秀，九名之世，帝行德，封刻政"（《河图合古篇》），"废昌帝，立公孙"（《河图箓运法》），"代赤眉者魏公子"（《春秋玉版谶》），"鬼在山，禾女连""言居东，西有午，两日并光日居下"（《并易说》），此等语半出妄人附会，殊为乖诞。然按《左传》所引鸜鹆之谣，传自文成之世，而已知裯父宋父两名，即龙尾谣云：虢公其奔，取虢之旂，亦必非事后之语，而《传》载列国占筮爻辞，凡数十百年以后之事，无不先有主名，凿凿可数。则《礼》所云：至诚之道必有前知，见乎蓍龟，动乎四体者，圣人亦尝言之，以为必无其事，岂尽然与？

凡此之类，皆后人痛诋纬书，所执为口实者，不知其说皆可与《六经》互证，纬可疑，经则断不疑也。更有取者，纬言舜以太尉受号，即位为天子（《春秋运斗枢》），稷为司马（《刑德放》），可广唐虞司空司徒虞士诸名，以考三代官制。纬言祷请山川辞云：“方今天旱，野无生稼，寡人当死，百姓何依？不敢烦民请命，愿抚万民，以身塞无状。”（《考异邮》）可见古人祭祀，皆有祝辞，《礼记》祭坊水庸，《论语》子路诔孔子，即其证也。学者苟能择而从之，是亦博闻之助，安见好古苦晚耶？至其论天文日月五星变动之占，及地理生物之殊异，道里之远近，显者足以配《洪范五行》，精者可以考正历书地志之误。故蔡沈《书集传》所称周天三百六十五度四分度之一，即《考灵曜》及《洛书增耀度》之文。黑道二去黄道北，赤道二去黄道南，白道二去黄道西，青道二去黄道东，即《河图帝览嬉》之文。而朱子注《论语》，伏羲龙马负图，注《楚辞》，昆仑者地之中也，地下有八柱，互相牵制，名山大川，孔穴相通，并《河图》之文。《洛书》四十五点，邵子以来，传为秘钥，其法出于太一九宫，实即《易纬乾凿度》之文。是有宋理学大儒亦不能尽弃其学，而欧阳氏、魏了翁辈欲皆去之，真所谓因噎而废食矣！

汉时碑刻，多用谶纬成文，论金石者概讥其谬，不知纬与经原无大异。经所不尽，政当以纬补之。若以纬书荒渺，则六经之言，其似纬书所云，曷可胜纪！将尽删之，可乎？朱氏《说纬》一篇，至为精博，而据《谯敏碑》语，谓其学远出谯氏、京氏，盖非探原之论，且不推本经义，证明其说，恐仍未能息群喙也。昶故复申辩于此，以祛浅见之惑。

王昶此跋，即刘师培《谶纬论》所本，原原本本，语皆有据。刘勰所谓“有益文章”者，亦得以具体落实。如果从古代民俗、原始宗教的角度从事研究，图谶纬候之类的典籍确实反映了不少问题。当然，王昶还不可能如此着想。我国古代学者搜采了不少关于谶纬的遗逸资料，而大规模的现代著作《纬书集成》却出于日本学者中村璋八先生之手，可为太息！

二十二、章炳麟《新定助词辨》

经学的研究领域里，本有“小学”一个部类。古代汉语这一学科，原是属于经学的。语词和古代典籍的语言规律，清儒是十分重视，也取得了很大成就的。可有些人把问题简单化了。好像懂点语词，掌握点语言规律，便毫不费劲地可以通经了。王引之写了《经传释词》，于是什么“补”“再补”，不断出现；俞樾写了《古书疑义举例》，于是什么“广”“再广”，也层出不穷。连篇累牍，重规叠矩，不免有庸俗之感、翻复之厌。章炳麟《王伯申新定助词辨》云：

高邮王氏父子，精研故训，所到冰释，人以为无间然矣。石臞苦心寻绎，积六十年，得之既不易，言之殊未敢肆。伯申承其父业，与艰难缔造者自殊。《述闻》一编，诚多精诣。然其改易旧说，亦有可已而不已者矣。

其始创作《经传释词》，晚又于《述闻》中著《语词误解以实义》一条，骤聆其说，虽宿儒无以自解，而卤莽灭裂处亦多。肆意造词，视为习贯。且有旧解非误而强词夺之者，亦有本非臆造而不能援古训比声音以自证者。今为驳证数事，以尽后生之责，非欲苟为立异，要使瑾瑜无瑕，方为纯美尔。

章氏所指出的问题很中肯，态度也是诚恳的。今举其所辨证的二例：

徂，及也。《周颂·绿衣》曰：自堂徂基，自羊徂牛。言自堂及基，自羊及牛也。

炳麟案：以及训徂，臆造无据。推王意，以为堂与基可言往，羊与牛不可言往尔。不悟羊牛各有顿置之处，就其处言，故云自羊往牛。旧说本无误也。如言由尧舜至于汤，由汤至于文王，皆就时代言，故得言由言至，若如王氏意，固不得由也，亦不得至也。

又：夷，语助也。《大雅·瞻仰》曰：靡有夷届。靡有夷瘳。言无有终极，无有愈时也。《昭二十四左传》曰：纣有亿兆夷人。言有亿兆人也。《孟子·尽心》曰：夷考其行而不掩焉者也。言考其行而不掩也。

炳麟案：《秋官·行夫》焉使则介之。故书作夷使。玄谓夷发声。《诗》之夷届夷瘳，自可从发声之说。若《孟子》之夷考其行，夷正借为焉字。焉，于是也。言于是考其行也。此在《荀子》，则音小变作案矣。至《春秋传》引书之纣有亿兆夷人，与余有乱臣十人相对，必当有所指斥。何得泛以语助解之？

这两个例子，是有启发性的（见《太炎文录续编》卷一，《章氏丛书》三编）。“虚词误解以实义”，固不应该；但有实义之词，往往以语词释之，也恐不免要闹胶柱鼓瑟的笑话的。

二十三、王国维论《诗》《书》成语

王国维《观堂集林》卷二有《与友人论〈诗〉〈书〉中成语书》两篇，所提出的“成语”，即是不能用简单的词语条例所能解决的问题。王国维说：

《诗》《书》为人人诵习之书，然于六艺中最难读。以弟之愚暗，于《书》所不能解者殆十之五，于《诗》亦十之一二。此非独弟所不能解也，汉魏以来诸大师未尝不强为之说，然其说终不可通，以是知先儒亦不能解也。其难解之故有三：讹阙，一也（此以《尚书》为甚）。古语与今语不同，二也。古人颇用成语，其成语之意义，与其中单语分别之意义又不同，三也。唐宋之成语，吾得由汉魏六朝人书解之；汉魏之成语，吾得由周秦人书解之；至于《诗》《书》，则书更无古于是者，其成语之数数见者，得比较而求其相沿之意义，否则不能赞一辞。若合其中之单语解之，未有不龃龉者。

试举一二例言之。如“不淑”一语，其本意谓不善也。不善或以性行言，或以遭际言。而“不淑”古多用为遭际不善之专名。《杂记》记诸侯相吊辞，相者请事，客曰：寡人使某如何不淑。致命曰：寡人闻君之丧，寡君使某如何不淑。《曲礼》注云：相传有吊辞云：皇天降灾，子遭罹之，如何不淑。如何不淑者，谓遭此不幸，将如之何也。《左·庄十年传》：宋大水，公使吊焉，曰：天作淫雨，害于粢盛，若之何不吊！又《襄十四年传》：公使厚成叔吊于卫，曰：寡君使瘠，闻君不抚社稷而越在他竟，若之何不吊！古吊淑同字，若之何不吊，亦即如何不淑也。是如何不淑者，古之成语，于吊死唁生皆用之。《诗·鄘风》：子之不淑，云如之何！正用此语。意谓宣姜本宜与君子偕老，而宣公先卒，则子之不淑云如之何矣。不斥宣姜之失德，而但言其遭际之不幸，诗人之厚也。《王风》：遇人之不淑。亦犹言遇人之艰难，不责其夫之见弃，而但言其遭际之不幸，亦诗人之厚也。诗人所用，皆当时成语，有相沿之意义。毛郑胥以不善释之，失其旨矣。

古又有“陟降”一语。古人言陟降，犹今人言往来，不必兼陟与降二义。《周颂》：“念兹皇祖，陟降庭止”，“陟降厥士，日监在兹”。意以降为主，而兼言陟者也。《大雅》：文王陟降，在帝左右。此以陟为主，而兼言降者也。故陟降者，古之成语也。陟降亦作陟各，《左·昭七年传》：叔父陟恪，在我先王之左右。正用《大雅》语。恪者，各之借字。是陟各即陟降也。古陟登声相近，各格假字又相通，故陟各又作登假。《曲礼》告丧曰：天王登假。《庄子·德充符》：彼且择日而登假。《大宗师》：是知能登假于道也若此。登假亦即陟降也。又作登遐。《墨子·节葬篇》：秦之西有义渠之国者，其亲戚死，聚柴薪而焚之，熏上则谓之登遐。登遐亦即陟降也。登假登遐，后世用为崩薨之专语，而通语之陟降，别以登降升降二语代之。然四语所从出之源，尚历历可指。《书·文侯之命》言昭登于上。《诗·大雅》言昭假于下。登与假相对为文，是登假即陟降之证也。《左传》之陟恪，《曲礼》之登假，《墨子》之登遐，皆谓登而不谓降，此又《大雅》之陟降不当分释为上下二义之证也。《诗》《书》中语，此类者颇多，如举其一二可知者，知字义之有转移，又知古代已有成语，则古书者，可无以文害辞，以辞害志之失矣。

又云：

古之成语有可由《诗》《书》本文比校知之者。如高邮王氏之释《书》“猷裕”，《诗》“靡盐”，瑞安孙氏之释《书》“棐忱棐彝”、《诗》“不殄不瑕”，皆是也。今尚有可说者，如《书·康诰》云：汝陈时臬司。孔《传》读司字下属，案下文云：汝陈时臬事，古司事通用，则臬司即臬事，孔读失之。又云：我时其惟殷先哲王德，用康乂民作求，《传》说未了。案《诗·大雅》：王配于京，世德作求。求者，仇之假借字。仇，匹也。作求，犹言作匹作配，《诗》言作对也。《康诰》言与殷先王之德能安治民为仇匹。《大雅》言与先世之有德者为仇匹。故同用此语。郑《笺》训求为终者亦失之。

《酒诰》云：惟天降命肇我民。天降命正与下文天降威相对为文。《多方》云：天大降显休命于成汤。是也。《传》以为天下教令者失之。天降命于君，谓付以天下；君降命于民，则谓全其生命，《多士》云：昔朕来自奄，予大降尔四国民命。《多方》云：予惟大降尔命，尔罔不知。又云：我惟大降尔四国民命。又云，乃有不用我降尔命，我乃其大罚殛之。盖四国之民与武庚为乱，成王不杀而迁之，是重予以性命也。《传》以民命为四国君，以降为杀，大失经旨矣。

《酒诰》云：汝劼毖殷献臣，劼毖义不可通。案上文，厥诰毖庶邦庶士，劼毖殆诰毖之讹。又云：汝典听朕毖，亦与上具尔典听朕教文例正同，则毖与诰教同义，《传》释劼为固，释毖为慎，亦大失经旨矣。

《梓材》云：庶邦享，作兄弟方来。兄弟方，与《易》之不宁方，《诗》之不庭方，皆三字为句。方，犹国也。《传》于兄弟句绝，又以方为万方，亦失经旨。

《鲁颂》：鲁邦是常。《笺》云：常，守也。《商颂》曰：商是常。《笺》云：成汤之时，乃氐羌远夷之国来献来见，曰是我常君也。实则常当为尚，《大雅》：肆皇天弗尚。《墨子·非命下》引《长发》曰：谓人有命，谓敬不可行，谓祭无益，谓暴无伤。上帝不常，九有以亡。上帝不常，即上帝弗尚。《陈侯因资敦》、“永为典尚”，典尚即典常，古常尚二字通用，尚之言右也。此皆可由《诗》《书》比校知之者也。

其余《诗》《书》中语，不经见于本书而旁见彝器者，亦得比校而追其意义。如《书·金縢》云：敷佑四方。《传》云：布其德教以佑助四方。案《盂鼎》云：匍有四方。知佑为有之假借，非佑助之谓矣。

《多方》云：越惟有胥伯小大多正。尔罔不克臬。胥伯，《尚书大传》作胥赋。案《毛公鼎》云：执小大楚赋。楚胥皆以疋为声，是《大传》作胥赋为长。而小大多正，当亦指布缕、粟米、力役诸征，非《孔传》伯长正官之谓矣。

《诗·羔裘》云：舍命不渝。《笺》云：是子处命不变，谓守死善道，见危授命之等。案《克鼎》云：王使善夫克舍命于成周。《毛公鼎》云：厥非先告父厝，父厝舍命，毋有敢蠢，尃命于外。是舍命与尃命同意。舍命不渝，谓如晋解扬之致其君命，非处命之谓也。

《楚茨》云：先祖是皇，神保是飨。又云：神保是格。又云：钟鼓送尸，神保聿归。《传》《笺》皆训保为安，不以神保为一语。朱子始引《楚辞》灵保以正之。今案《克鼎》云：圣念厥圣保祖师臬父。是神保、圣保皆祖考之异名。《诗》之先祖是皇，神保是飨。皇尸载起，神保聿归。皆粗互为文，非安飨安归之谓也。

《文王》：永言配命，自求多福。《传》云：永、长，言、我也。我长配天命而行。案《毛公鼎》：皇天弘厌厥德，配我有周，膺受大命。又云：不巩先王配命。配命，谓天所畀之命，亦一成语。永言配命，犹云永我畀命，非我长配天命之谓也。《思齐》云：不显亦临，无射亦保。《传》云：以显临之，保安无厌也。《笺》云：临，视也。保，犹居也。文王之在辟雍也，有贤才之质而不明者，亦得观于礼；于六艺无射才者，亦得居于位。说尤迂曲。案《毛公鼎》云：肆皇天无射，临保我有周。《师𩛥敦》云：肆皇帝无斁，临保我有周。则临犹保也。《大明》云：上帝临女。《云汉》云：上帝不临。上帝不临，犹《书·多士》云上帝不保也。然则《诗·思齐》盖临保互文。又知上云雝雝在宫，肃肃在庙，亦宫庙互文，非辟雍之谓也。

《卷阿》云：俾尔弥尔性。《传》云：弥，终也。案《龙姞敦》云：用蕲眉青，绾绰永命。弥厥生。《齐子仲姜镈》云：用求考命弥生。是弥性即弥生，犹言永命矣。《韩奕》：干不庭方。《传》云：庭，直也。《笺》云：当与不直违失法度之方作贞干。案《毛公鼎》云：率怀不廷方。《左·隐十年传》：以王命讨不庭。则不庭方谓不朝之国，非不直之谓也。

《江汉》云：肇敏戎公。《传》云：戎，大也。公，事也。《笺》云：戎，犹女也。案《不𡢁敦》云：女肇诲于戎工。《虢季子白盘》云：庸武于戎工。皆谓兵事，训大训汝皆失之。

《商颂·殷武》云：天命降临下民有严。《传》云：严，敬也。《笺》云：天乃下视下民有严明之君。案有严一语，古人多以之斥神祇祖考。《齐侯镈钟》云：虩虩成唐，有严在帝所。《宗周钟》云：先生其严在上，熊熊𩏂𩏂，降余多福。《虢叔旅钟》云：皇考严在上，翼在下。《番生敦》云：不显皇祖考严在上，广启厥孙子于下，是天命降临下民有严者。意谓天命有严，降临下民，句或倒者，以就韵耳。《笺》以为下视下民有严明之君者失之。

又《康诰》：要囚服念五六日，至于旬时，丕蔽要囚。《多方》：要囚殄戮多罪。又：我惟时其战要囚之。《传》云：要囚，谓察其要辞以断狱。案要囚即幽囚，古要幽同音。《诗·豳风》：四月秀葽。《夏小正》作四月秀幽。《楚辞·湘君》《远游》之要眇，《韩非子》之要妙，亦即幽眇、幽妙也，《传》以察要辞者失之。

如《书·君奭 》云：在让后人于丕时。《诗·大雅》云：帝命不时，《周颂》云：裒时之对。丕时不时裒时，当是一语。《洛诰》云：叙弗其绝厥若。《立政》云：我其克灼知厥若。《康王之诰》云：用奉恤厥若。厥若亦当是成语。此等成语，无不有相沿之意义在，今日固无以知之，学者姑从盖阙可矣。

二十四、滥用经文假借之例

自戴东原（震）主力小学训诂为经学的基本功以来，到了他门下的段（玉裁）、王（念孙）二位大师，奉行之甚笃。彼此相互也以是见推。王念孙为段玉裁作《说文解字注序》说：声音之道大明，而训诂之道大明，训诂声音明而小学以明，小学明而经学明，盖千七百年来无此作矣。段玉裁为王念孙《广雅疏证》写序说：王念孙能以古音得经义，盖天下一人而矣！王氏父子《经义述闻》专附《通说》两卷五十三条，特立《经文假借》一目，辩博甚矣！后儒袭其成说，矜奇炫博，亦颇随意滥用。章炳麟《俞先生传》谈俞樾说经依王氏律令，五岁成《群经平议》，以续《述闻》；又规《杂志》，作《诸子平议》。章炳麟认为俞氏治经不如《述闻》，及到后来写《曲园杂纂》之类，更不免滥用王氏条例。今举《曲园杂纂》一例，以资平议。《曲园杂纂》卷十七《读韩诗外传》载：《韩诗外传》卷一“故君子桥褐趋时，当务为急”。程荣《汉魏丛书》本、胡文焕《格致丛书》本、唐琳快阁藏书本，“桥”皆作“矫”。元本、苏献可通津草堂本、沈辨之野竹斋本、薛来芙蓉泉书屋本、毛晋汲古阁《津逮秘书》本皆作“桥”，赵怀玉校注本亦作“桥”，云：“桥，或作矫。”周廷寀校注本作“矫”，云：

矫字疑误，当为蹑跻担簦之跻，跻，草履也。

俞樾云：

桥、矫并为假字，周疑为跻，非也。矫褐乃双声连语，即《文选·射雉赋》之揭骄，语有倒顺耳。《射雉赋》云：眄箱笼以揭骄，睨骁媒之变态。徐爰注曰：揭骄，志意肆也。又曰：《楚辞》揭骄作拮矫。善曰：《楚辞》曰：意恣睢以揭骄。今案：揭骄盖有急欲赴之之意，故《射雉赋》用之。其下云：郁轩翥以馀怒，思乍鸣以效能。正其义也。此云矫褐趋时，矫褐之与揭骄，声异而义同，亦犹《楚辞》之为拮矫，古义存乎声，不泥其形也。

以上是俞樾说。

今案：《庄子·天下篇》："使后世之墨者，多以裘褐为衣，以跂跻为服，日夜不休，以自苦为极。"正以跻与褐并言，则周氏读蹻为跻，是也。蹑跻担簦，《史记·平原虞卿列传》文，跻、桥、蹻，皆借为屩字。《说文》："屩，屐也。"盖贫士所著。屩褐趋时，即上文"家贫亲老者不择官而仕"之意，此成语源于《庄子》，俞氏颠倒文词，附会《射雉赋》与《楚辞·远游》，不免把王氏《经文假借》的条例滥用。

二十五、孔子集大成

《孟子·万章上》称孔子为"集大成"的圣人。"集大成"是个音乐的概念。一场复杂的合乐，丝竹管弦，金声玉振，无不会合，按急骤抑扬，高低抗坠，演奏成功了，谓之有成。孔子集大成，这就意味着在他的思想上、在他的学术上，会集了许多东西，而这些东西综合在一起，却又都是十分和谐的。他被圣化了，好像他是天生圣哲，不需要从别人那里吸取什么。"集大成"这个称号与圣化便不相容。司马迁在《孔子世家》和《老子列传》里，两处都记载孔子曾问礼于老子。韩愈说："圣人无常师，孔子师郯子、苌弘、师襄、老聃，郯子之徒，其贤不及孔子。孔子曰，三人行，则必有我师。”（《师说》）这两位敢提出孔子之师来，算是有胆有识的伟人了。

孔子的那部类乎自述传记之书《论语》，它的写成在鲁悼公以后（前428以后），时间已进入战国（说见章炳麟《春秋左传答问》卷一）。《老子》一书当已流传。孔、老之间，不仅仅是问问礼而已，老子的一些思想，已影响到了孔子。《老子》三十八章说：“故失道而后德，失德而后仁，失仁而后义，失义而后礼。夫礼者，忠信之薄，而乱之首。”《礼记·礼器》：“君子曰，甘受和，白受采，忠信之人，可以学礼。苟无忠信之人，则礼不虚道。是以得其人之为贵也。”这两段话之间，难道能说没有关系吗？我颇为怀疑《礼器》里面所引的“君子曰”，便可能是老子之语。如果说《小戴礼记》出于孔门后学，那么，《论语·八佾》篇即有这样的记载：“子夏问曰：巧笑倩兮，美目盼兮，素以为绚兮，何谓也？子曰：绘事后素。曰：礼后乎？子曰：起予者商也，始可与言诗已矣。”这段话的意思，完全同《礼器》一样。所谓“绘事后素”，谓绘彩的加工，应该放在素色之后进行，也即《礼器》“白受采”的意思。郑玄、朱熹诸人不解，认为素最后成色，实为颠倒了！“忠信之人可以学礼”“礼后”这些概念，不是完全可以说明孔子接受了老子的影响吗？孔子问礼于老子的记载，确是太史公的信史。

在孔子那个时代，影响很大的有《孙子》十三篇。有人说：孔子自己讲：“军旅之事，未之学也。”（《论语·卫灵公》）他肯定是不看《孙子》的。这个话不确切。像卫灵公那样的统治者，孔子只能答复没有学过。“子之所慎斋战疾”（《论语·述而》）。他是最重视战争的，怎么不学军旅之事？又怎么不可能去读《孙子》呢？《孙子·军争》篇说：“三军可夺气，将军可夺心。”《论语·子罕》篇即有“三军可夺帅也”。同样的语言，能说孔子没有看过《孙子》一类书吗？《孙子·谋攻》篇的“知彼知己，百战不殆”是兵法中有名的语言。《论语·里仁》载：“子曰：参乎！吾道一以贯之。曾子曰：唯！子出，门人问曰：何谓也？曾子曰：夫子之道，忠恕而已矣。”谈忠恕这两个字，对曾参这样慎重，进一步推：忠不就是知己吗？恕不就是知彼吗？研究孔学的，似乎没有人从当时的思想学术去理解孔子与时代的关系。所谓“集大成”、所谓“圣之时”，应该像司马迁、韩愈一样，找一找孔子所从学习的老师罢。

二十六、廖平谈蜀学

廖平《经话》云：

> 予创为今古二派，以复西京之旧。欲集同人之力，统著《十八经注疏》（今文：《尚书》《齐诗》《鲁诗》《韩诗》《戴礼》《仪礼记》《公羊》《穀梁》《孝经》《论语》；古文：《尚书》《周官》《毛诗》《左传》《仪礼经》《孝经》《论语》《戴礼》。《易》学不在此数）。以成蜀学。见成《穀梁》一种，然心志有余，时事难就。是以初成一经而止。因旧欲约友人分经合作，故先作《十八经注疏凡例》，既以相约同志，并以求正高明，特多未定之说，一俟纂述，当再加商订也（昔陈奂、陈立、刘宝楠、胡培翚诸人，在金陵贡院中，分约治诸经疏，今皆成书，予之所约，则并欲作注耳）。

廖平所提出的《十八经注疏》计划，称为蜀学。他是想用西京家法，统治蜀中经学。这种打算，不免是空想。他著的《重订穀梁春秋古义疏》十一卷，《外篇叙目》一卷，《释范》一卷，《起废疾》一卷，渭南严氏刻本，已算有了很大的收获。章炳麟的《清故龙安府学教授廖君墓志铭》说：

> 余闻庄生有言：圣人之所以诫世，神人未尝过而问焉。次及贤人、君子，亦递如是。余学不敢方君子，君之言殆超神人过之矣，安能以片辞褒述哉！

廖平欲用他的西京家法，蔚成蜀学，所遇的困难，正如章炳麟此文所描写的一样。蜀学是不会把经学和神学搅在一起的。经学只能实事求是，不可能有什么惊世骇俗的蜀学。

二十七、陈寿祺谈《经郛》

经学资料如何荟萃收拾，从义疏到理解，已有不少整理经验。曾主持编辑《经籍纂诂》，后来又汇刻《清经解》1804卷的阮元，想到过汇集群经经说，以成《经郛》。这件事虽未成，但可以启发后人对于这方面的设想。今据陈寿祺《左海文集》录写《上仪征阮夫子请定〈经郛〉义例书》于此，以供考虑：

弟子寿祺顿首侍郎夫子阁下：

乃昔仰蒙善诱，俯启祷昧，将于九经传注之外，裒集古说，令寿祺与高材生共纂成之。盛哉乎夫子嘉惠学者之心乎！

寿祺闻王符有言曰：圣人天之口，贤人圣之译。粤自明孟，幽幼诰志。闻诸虞史，初哉首基，释诂肇于姬旦。冠昏聘射之记，每附奄中之经；沈鲁司马之言，博存饼家之传。辩章旧闻，采缀漏逸。五经萌牙，译圣者远矣。何论游夏既往，嬴刘递嬗，《诗》之分为四，《春秋》之分为五哉！汉代经师，恪守家法，专门命氏，显于儒林。精习师传，则独推张禹；不依章句，则见诋徐防。而王吉兼经，能为驺氏；贾逵好古，并通五家。何则？五经剖判，去圣弥远；方语不同，传写遂错。贤者识大，不贤识小。仁者见仁，智者见智。将以扶微学，广异义，与其过而废之也，宁过而存之矣。必移子骏之书，轻毁执政；会范升之议，争及日中哉！且夫说详反约者，学问之枢辖；统同辨异者，礼乐之章条。《易》曰：君子学以聚之。又曰：观其所聚，而天地万物之情可见矣。善夫鲁丕之上疏曰：说经者传先师之言，非从己出。难者必明其据；说者务立其义。法异者各令自说师法，博观异义。盖守一先生之言，而不敢杂，此经生之分也；总群师之言，稽合异同，而不偏废，此通儒之识也。是故西京《石渠奏议》，诸儒说难，悉用标名，延世绵邈，瞭如指掌。惜东都《白虎通义》，不复遵其旧章。独许祭酒、郑司农述先圣之本意，整百家之不齐，其所撰著，皆先引诸说，次下己意，异乎党同妒真，专己守残者焉。

今就两大儒之书复按之，许君《五经异义》，今学古学，粲然眉列；日祭月荐，征叔孙通；祝延帝尸，援鲁郊礼。自施、孟、京、房、甘、容、欧阳、夏侯、董仲舒、尹更始、刘更生、韦玄成、匡衡、二戴、禹贡、眭生，淳于登、陈钦、贾逵之伦，靡不捃摭菁华，刊裁臧否。《说文解字》称《易》孟氏、《书》孔氏、《诗》毛氏、《礼》周官、《春秋》左氏、《论语》《孝经》皆古文也。然如贞从鼎省，兼录京房；江之羕矣，别胪韩氏。嵎铁旸谷，经异壁中;玉粲璪猛，句搜《逸论》。《论》收芊芊之今文，《书》载裦毛之或字。洵所谓博问通人，允而有证，解缪误，达神旨者也。

郑君先事京兆第五君，通《京氏易》《公羊春秋》，又从同郡张恭祖受《周官礼记》《左氏春秋》《韩诗》《古文尚书》，西入关，又因涿郡卢植事扶风马融。其答炅模问解《诗》之义，云：为《记》注时，就卢君耳。先师亦然，后乃得《毛公传》，古书义又当然，《记》注已行，不复改之。故郑君《礼》注引经，多与本书差互。刑剧睇于，乃《京易》之同费；柳穀育子，即《优书》之异孔。以及朱绡被绮，袨李送车。《燕燕》作于哀姜，《崧高》生夫山甫。竹秘翟蔽之殊文，禹陈汤跻之异读。依循三家，迥别毛故。若其本经诠释，亦不曲拘一师。阮徂供为三国之名，厉王后有《十月》之刺。虽云笺毛，间乃从鲁。孟侯采济南之训，《礼目》参信都之第。《周官》则故书特存，《仪礼》则今文不废。《论语》读正齐鲁，《公羊》本异严颜。二郑同宗，既潜辩其雅达；南郡本师，亦弥缝其参错。盖有成兰而谢青，固无是丹而非素。至于河洛纬候，不嫌读谶；墨守胜疾，并附箴肓。洵所谓网罗众家，囊括大典，礼堂写定，学者知归者也。

典午以后，家法渐改，途径方歧。古学飙流，犹在河洛。唐儒孔贾诸经疏义，证发注家，近为敷畅。但恨杜王伪孔，宗主不明。汉魏遗书，遂致散佚。其他依违首鼠，茫昧焉乌，疏漏尚多，良可嗟喟。

今海内嗜古之士，陶化染学，其风世笃，深愍废坠，竞事蒐讨，群经佚注，具辑成书。吾师所修《经籍纂诂》百有六卷，考训故，赅音读，六艺群书，所载备矣。然而微言大义，散见经传。升岳浮海，胥达津梁。食鸡跖者，必取其千；说羊尾者，莫分为二。苟非比以义类，观其会通，则驷牡沿讹，牺尊失据。斥荄兹为巧慧，訾柳卯为乖违。徒烦稽古之三万言，孰订明粢之十二证？

窃谓仲尼二学，祖述尧舜；孟子明事，称之博文。以经注经，折衷之本。造车合辙，此为椎轮。爰自周素，下逮南北。传注而外，众说如林。宗经述圣，旁出于史。虽体归文翰，而美傅典坟。或依经以辩理，或错经以合异，或征经以证事，或约经以就意，或析经以断章，或综经以通贯，或袭经以互存，或牵经以旁涉。古训相承，师道未丧。诚六籍之钤键，嘉论之林薮，类而集之，依经条次。以周孔及七十子之徒所说为传训权舆，以诸子百家为经典羽翼，以诸史志传为文义渊海，用以申许郑之闳眇，补孔贾之阙遗。细大不捐，得失咸著，杂而不越，直而勿有。如其别白一尊，俟自得之。《说文》与《尔雅》相为表里，其中所列异文，虽省书名，半居经字。凡所甄录，尤宜该洽。若乃二京讲经之奏，六朝议礼之篇，纲举目张，引申联系。体既鸿综，非可破碎。宜放刘向班固之书，别为通义。取扬子《法言》之语，总名“经郛”。庶几探赜索隐，拾遗补艺，汇九流之支裔，发文囿之根叶。一卷所习，无误于立师；五学不坠，犹瘉于求野。

寿祺粗涉艺林，曾微强识。向者岁在著雍敦祥，养素家衖，亦尝稍事缀辑。取便浏览。人事牵迫，废焉不修。伏惟夫子天下模楷，殿中无双。莅越八年，文武为宪。方面静息，旧文修理。倡明经业，宏奖气类。寿祺幸得陪奉鼓箧，优游湖山。亲聆叩钟，俾通窥牖。远惭司马，传教蜀人；俯效临硕，预论《周礼》。蛾子时术，敢撮壤于崇山；驽马十驾，冀驱尘于策彗。谨依拟条例，撰略呈览。蕲加搠铄，以就准绳。或令诸生相为参酌，亦可补苴云。寿祺顿首顿首。

这是陈寿祺十分卖力写的一篇佳作。《经郛》是个什么样子的书，大体已可想象。此信后附《经郛条例》，先举十大端，然后厘为二十四条。资料如何撷取，体例形式如何确定，讲得甚为详明。这是阮元没有着手整理的一项经学资料工作，总望能引起经学研究者的注意。

国家新闻出版广电总局
首届向全国推荐中华优秀传统文化普及图书

‖大家小书书目

经典常谈	朱自清　著
语言与文化	罗常培　著
习坎庸言校正	罗　庸　著　杜志勇　校注
鸭池十讲（增订本）	罗　庸　著　杜志勇　编订
古代汉语常识	王　力　著
国学概论新编	谭正璧　编著
文言尺牍入门	谭正璧　著
日用交谊尺牍	谭正璧　著
敦煌学概论	姜亮夫　著
训诂简论	陆宗达　著
金石丛话	施蛰存　著
常识	周有光　著　叶　芳　编
文言津逮	张中行　著
中国字典史略	刘叶秋　著

古典目录学浅说	来新夏　著
闲谈写对联	白化文　著
怎样使用标点符号（增订本）	苏培成　著
诗境浅说	俞陛云　著
唐五代词境浅说	俞陛云　著
北宋词境浅说	俞陛云　著
南宋词境浅说	俞陛云　著
人间词话新注	王国维　著　滕咸惠　校注
苏辛词说	顾　随　著　陈　均　校
诗论	朱光潜　著
唐诗杂论	闻一多　著
诗词格律概要	王　力　著
唐宋词欣赏	夏承焘　著
槐屋古诗说	俞平伯　著
词学十讲	龙榆生　著
词曲概论	龙榆生　著
中国古典诗歌讲稿	浦江清　著 浦汉明　彭书麟　整理

唐人绝句启蒙	李霁野　著
唐宋词启蒙	李霁野　著
古典文学略述	王季思　著　王兆凯　编
古典戏曲略说	王季思　著　王兆凯　编
唐宋词概说	吴世昌　著
宋词赏析	沈祖棻　著
道教徒的诗人李白及其痛苦	李长之　著
闲坐说诗经	金性尧　著
陶渊明批评	萧望卿　著
舒芜说诗	舒　芜　著
名篇词例选说	叶嘉莹　著
唐诗纵横谈	周勋初　著
楚辞讲座	汤炳正　著 汤序波　汤文瑞　整理
好诗不厌百回读	袁行霈　著
山水有清音 ——古代山水田园诗鉴要	葛晓音　著

门外文谈	鲁　迅　著
我的杂学	周作人　著　张丽华　编
论雅俗共赏	朱自清　著
文学概论讲义	老　舍　著
中国文学史导论	罗　庸　著　杜志勇　辑校
给少男少女	李霁野　著
鲁迅批判	李长之　著
英美现代诗谈	王佐良　著　董伯韬　编
三国谈心录	金性尧　著
夜阑话韩柳	金性尧　著
英语学习	李赋宁　著
漫谈西方文学	李赋宁　著
历代笔记概述	刘叶秋　著
笔祸史谈丛	黄　裳　著
古典诗文述略	吴小如　著
有琴一张	资中筠　著
鲁迅作品细读	钱理群　著
唐宋八大家 ——古代散文的典范	葛晓音　选译

红楼梦考证	胡　适　著
《水浒传》与中国社会	萨孟武　著
《西游记》与中国古代政治	萨孟武　著
《红楼梦》与中国旧家庭	萨孟武　著
《金瓶梅》人物	孟　超　著　张光宇　绘
水泊梁山英雄谱	孟　超　著　张光宇　绘
《红楼梦》探源	吴世昌　著
《西游记》漫话	林　庚　著
细说红楼	周绍良　著
红楼小讲	周汝昌　著　周伦玲　整理
曹雪芹的故事	周汝昌　著　周伦玲　整理
古典小说漫稿	吴小如　著
三生石上旧精魂 ——中国古代小说与宗教	白化文　著
《金瓶梅》十二讲	宁宗一　著
古体小说论要	程毅中　著
近体小说论要	程毅中　著
文学的阅读	洪子诚　著
中国戏曲	么书仪　著

中国史学入门	顾颉刚　著　何启君　整理
秦汉的方士与儒生	顾颉刚　著
三国史话	吕思勉　著
史学要论	李大钊　著
中国近代史	蒋廷黻　著
民族与古代中国史	傅斯年　著
五谷史话	万国鼎　著　徐定懿　编
民族文话	郑振铎　著
史料与史学	翦伯赞　著
唐代社会概略	黄现璠　著
清史简述	郑天挺　著
两汉社会生活概述	谢国桢　著
中国文化与中国的兵	雷海宗　著
两宋史纲	张荫麟　著
明史简述	吴　晗　著
北宋政治改革家王安石	邓广铭　著
从紫禁城到故宫——营建、艺术、史事	单士元　著
史学遗产六讲	白寿彝　著

司马迁之人格与风格	李长之　著
司马迁	季镇淮　著
唐王朝的崛起与兴盛	汪　篯　著
二千年间	胡　绳　著
论三国人物	方诗铭　著
考古发现与中西文化交流	宿　白　著
中国古代国家的历史特征	张传玺　著
艺术、神话与祭祀	张光直　著 刘　静　乌鲁木加甫　译
中国古代衣食住行	许嘉璐　著
中国古代史学十讲	瞿林东　著
黄宾虹论画	黄宾虹　著
中国绘画史	陈师曾　著
和青年朋友谈书法	沈尹默　著
中国画法研究	吕凤子　著
桥梁史话	茅以升　著
中国戏剧史讲座	周贻白　著
俞平伯说昆曲	俞平伯　著　陈　均　编

新建筑与流派	童　寯　著
论园	童　寯　著
拙匠随笔	梁思成　著　林　洙　编
中国建筑艺术	梁思成　著　林　洙　编
沈从文讲文物	沈从文　著　王　风　编
中国画的艺术	徐悲鸿　著　马小起　编
中国绘画史纲	傅抱石　著
中国舞蹈史话	常任侠　著
海上丝路与文化交流	常任侠　著
世界美术名作二十讲	傅　雷　著
中国画论体系及其批评	李长之　著
金石书画漫谈	启　功　著　赵仁珪　编
吞山怀谷 ——中国山水园林的艺术	汪菊渊　著
中国古代音乐与舞蹈	阴法鲁　著　刘玉才　编
梓翁说园	陈从周　著
旧戏新谈	黄　裳　著
民间年画十五讲	王树村　著　姜彦文　编
民间美术与民俗	王树村　著　姜彦文　编

长城史话	罗哲文　著
中国古园林概说	罗哲文　著
现代建筑奠基人	罗小未　著
世界桥梁趣谈	唐寰澄　著
如何欣赏一座桥	唐寰澄　著
桥梁的故事	唐寰澄　著
园林的意境	周维权　著
万方安和 ——皇家园林的故事	周维权　著
现代建筑的故事	吴焕加　著
中国古代建筑概说	傅熹年　著

国学救亡讲演录	章太炎　著　蒙　木　编
简易哲学纲要	蔡元培　著
大学教育	蔡元培　著 北大元培学院　编
老子、孔子、墨子及其学派	梁启超　著
中国政治思想史	吕思勉　著
天道与人文	竺可桢　著　施爱东　编

春秋战国思想史话	嵇文甫　著	
晚明思想史论	嵇文甫　著	
新人生论	冯友兰　著	
中国哲学与未来世界哲学	冯友兰　著	
谈美书简	朱光潜　著	
中国古代心理学思想	潘　菽　著	
民俗与迷信	江绍原　著	陈泳超　整理
佛教基本知识	周叔迦　著	
儒学述要	罗　庸　著	杜志勇　整理
希腊漫话	罗念生　著	
佛教常识答问	赵朴初　著	
大一统与儒家思想	杨向奎　著	
孔子的故事	李长之　著	
西洋哲学史	李长之　著	
乡土中国	费孝通　著	
社会调查自白	费孝通　著	
经学常谈	屈守元　著	
墨子与墨家	任继愈　著	
汉化佛教与佛寺	白化文　著	
中西之交	陈乐民　著	

出版说明

“大家小书”多是一代大家的经典著作，在还属于手抄的著述年代里，每个字都是经过作者精琢细磨之后所拣选的。为尊重作者写作习惯和遣词风格、尊重语言文字自身发展流变的规律，为读者提供一个可靠的版本，“大家小书”对于已经经典化的作品不进行现代汉语的规范化处理。

提请读者特别注意。

北京出版社